KNAUR

ANELE GILHU
MIT NICOLLE HOFMANN

JETZT WIRD AM SCHRÄUBCHEN GEDREHT

… denn manchmal sind sie locker

KNAUR

Besuchen Sie uns im Internet:
www.knaur.de

Aus Verantwortung für die Umwelt hat sich die Verlagsgruppe
Droemer Knaur zu einer nachhaltigen Buchproduktion verpflichtet.
Der bewusste Umgang mit unseren Ressourcen, der Schutz unseres Klimas
und der Natur gehören zu unseren obersten Unternehmenszielen.
Gemeinsam mit unseren Partnern und Lieferanten setzen wir uns für
eine klimaneutrale Buchproduktion ein, die den Erwerb von Klimazertifikaten
zur Kompensation des CO_2-Ausstoßes einschließt.
Weitere Informationen finden Sie unter: www.klimaneutralerverlag.de

MIX
Papier aus verantwortungsvollen Quellen
FSC® C014496
FSC www.fsc.org

Originalausgabe September 2022

Ein Imprint der Verlagsgruppe
Droemer Knaur GmbH & Co. KG, München

Redaktion: Stefanie Hess
Covergestaltung: Verlagsgruppe Droemer Knaur / Isabella Materne
Coverabbildung: Verlagsgruppe Droemer Knaur / Markus Röleke
Satz: Adobe InDesign im Verlag
Druck und Bindung: GGP Media GmbH, Pößneck
ISBN 978-3-426-79157-8

2 4 5 3 1

Für Walther

INHALT

VORNEWEG
11

1
Das Glück ist wie ein Omnibus,
auf den man lange warten muss,
und kommt er endlich angewetzt,
dann ruft der Schaffner: »Schon besetzt!«
BUCH WEGGELEGT, LOSGELEGT –
DIE GLÜCKSAKTION: DER KUCHEN
15

2
Ich bin froh und heiter,
Glück ist mein Begleiter
BUCH WEGGELEGT, LOSGELEGT –
DIE GLÜCKSAKTION:
DIE LÖFFELCHENMETHODE
35

3
Gib dem Menschen einen Hund,
und seine Seele wird gesund
BUCH WEGGELEGT, LOSGELEGT –
DIE GLÜCKSAKTION: DIE PETERSILIE
49

4

Das Glück ist eine leichte Dirne
und weilt nicht gern am selben Ort;
sie streicht das Haar dir von der Stirne
und küsst dich rasch und flattert fort

BUCH WEGGELEGT, LOSGELEGT –
DIE GLÜCKSAKTION: DAS TANZBEIN
63

5

Glück ist morgens aufzustehen,
aufrecht durch den Tag zu gehen.
Was man gibt, das kommt zurück,
am schönsten ist das kleine Glück

BUCH WEGGELEGT, LOSGELEGT –
DIE GLÜCKSAKTION: DAS KOMPLIMENT
77

6

Glücklich machen kleine Sachen,
manchmal hilft ein leises Lachen

BUCH WEGGELEGT, LOSGELEGT –
DIE GLÜCKSAKTION: DAS BABYBÄUCHLEINÖL
93

7

Fortuna lächelt,
doch sie mag nur ungern voll beglücken;
schenkt sie uns einen Sommertag,
so schenkt sie uns auch Mücken

BUCH WEGGELEGT, LOSGELEGT –
DIE GLÜCKSAKTION: DER HAMMER
101

8
Glücklich ist,
wer vergisst,
was doch nicht zu ändern ist
BUCH WEGGELEGT, LOSGELEGT –
DIE GLÜCKSAKTION: DER PICCOLO
115

9
Das Auge klar, die Rede wahr, die Seele rein,
so wirst du für alle Tage glücklich sein
BUCH WEGGELEGT, LOSGELEGT –
DIE GLÜCKSAKTION: DER DUFT
131

10
Jeder ist seines Glückes Schmied,
aber nicht jeder hat ein schmuckes Glied
BUCH WEGGELEGT, LOSGELEGT –
DIE GLÜCKSAKTION: DAS RENNEN
145

11
Glück ist Liebe, nichts anderes.
Wer lieben kann, ist glücklich
BUCH WEGGELEGT, LOSGELEGT –
DIE GLÜCKSAKTION: DER LIPPENSTIFT
157

12

Das Glück ist wie ein Brillengestell.
Man sucht es, bis man darauf tritt,
und dann ist es hinüber

BUCH WEGGELEGT, LOSGELEGT –
DIE GLÜCKSAKTION: DAS INSTRUMENT
175

13

Da es sehr förderlich für die Gesundheit ist,
habe ich beschlossen, glücklich zu sein

BUCH WEGGELEGT, LOSGELEGT –
DIE GLÜCKSAKTION: DAS LACHEN
189

14

Mut steht am Anfang des Handelns,
Glück am Ende

BUCH WEGGELEGT, LOSGELEGT –
DIE GLÜCKSAKTION: DAS ATMEN
205

VORNEWEG

Ja, grüß Sie, mein Name ist Gilhu, Anele Gilhu.

Sie kennen mich vielleicht schon aus dem Internet? Zunächst mal trat ich ja auf bei der Frau Uhlig, mittlerweile führe ich meinen eigenen Kanal. Wie es zu der Zusammenarbeit kam mit der Frau Uhlig, das ist auch eine lustige Geschichte, jetzt geht es aber erst mal um mich.

Nein, besser gesagt, es geht um uns! Um Sie, verehrte Leserinnen und Leser, und um mich!

Wir haben jetzt nämlich etwas vor: Zusammen wollen wir am Schräubchen drehen! Sollten Sie mir bereits gefolgt sein (im Internet), wissen Sie, wovon ich spreche.

Von den Schräubchen. Die sitzen ja gelegentlich ein wenig locker, aber genau darin liegt eine enorme Chance. Die Schräubchen sind *beweglich!* Wir können an ihnen *drehen!* Natürlich drehen wir nicht immer in die richtige Richtung, aber wissen Sie was? Hauptsache, es wird überhaupt gedreht! Wer am Schräubchen dreht, bleibt lebendig, und wer lebendig bleibt, der bleibt am Leben.

Klingt einfach, nicht wahr, aber denken Sie mal nicht, liebe Lesende, ich hätte das schon immer gewusst. Ich war ja nicht immer, was ich heute bin, eine ***Glücks*therapeutin**. Lange Jahre bin ich mit meinen Patienten hinabgestiegen in die dunklen Keller ihrer Kindheiten und Jugendjahre und am Ende blieben nicht nur die Patienten trübsinnig, sondern ich war es auch.

Wie das Glück mich nun fand, gegen Ende meiner 40er, also erst vor wenigen Jahren, davon könnte ich nun sehr ausschweifend berichten, aber um mich soll es ja gar nicht gehen in diesem Buch.

Besinnen wir uns lieber auf das Wesentliche! Schauen wir nach, wo das Glück auf uns lauert und wie wir es erhaschen! Nehmen Sie also Ihren Kescher in die Hand und legen Sie los. Die Beute liegt aus für Sie auf den folgenden 180 Seiten. Lange habe ich gesammelt, die Fundstücke gewissenhaft geprüft, sorgsam abgewogen und schließlich alles gründlich für Sie (mit meiner ganz eigenen Expertise!) aufgearbeitet.

Garniert wird das Ganze mit meinen gesammelten Glücksweisheiten. Verknüpft mit einer selbst erlebten oder bei anderen Menschen beobachteten Begebenheit, überprüfen wir die Weisheiten auf ihren Gehalt!

Freuen Sie sich auch ganz besonders auf unsere Glücksaktion für jeden Tag.

Unter dem Motto **Buch weggelegt und losgelegt** finden Sie 13 Aktionen, mit denen Sie das Glück in Ihren Alltag holen. Dafür müssen Sie sich kein Bein ausreißen – weder den Kilimandscharo besteigen noch sich mit einem Fallschirm aus dem Flugzeug stürzen –, nein, wir stürzen uns lieber ins pralle Leben! Gehen gemeinsam in die Konditorei, machen der Wurstverkäuferin ein Kompliment oder nehmen auch mal den Hammer in die Hand (um mal schön etwas kaputt zu schlagen).

Sollten Sie noch Fragen haben oder nicht verstehen, warum ich dieses Büchlein verfasst habe, schreiben Sie mir gerne ganz persönlich. Am besten erreichen Sie mich auf meinem Instagram-Kanal (anele_gilhu).

Ich freue mich auf Ihre Zuschriften und wünsche Ihnen nun viel Vergnügen mit meinen gesammelten Glücksmomentos. Oder heißt es etwa Glücksmomenti?

Wie auch immer: **Glücklich ist, wer vergisst, was nicht mehr im Kopf drin ist.**

In diesem Sinne: Machen Sie es gut,
machen Sie es wirklich gut!
Ihre Anele Gilhu
München, anno April 2022

1

Das Glück ist wie ein Omnibus,
auf den man lange warten muss,
und kommt er endlich angewetzt,
dann ruft der Schaffner:
»Schon besetzt!«

Wer kennt ihn nicht, diesen Spruch? Aber nun stellen Sie sich das einmal ganz konkret vor: Sie stehen im Regen oder in einem Schneesturm am Straßenrand herum und dann taucht er endlich auf, der rettende Bus, und hält nun aber gar nicht an, sondern fährt an Ihnen vorbei! Sie werden noch nass gespritzt, während die Leute im Bus über Sie lachen. Eine desaströse Situation, nicht wahr? Und genauso erging es auch Frau Pinnefeld. Die tauchte eines Tages in meiner Praxis auf und glich einem begossenen Pudel. Das lag zum einen an ihrer Frisur – gewelltes Haar, das sich durch Nässe zusammenzog und Frau Pinnefelds Kopf nun umstand wie eben bei so einem toupierten Pudel – zum anderen an Frau Pinnefelds Gesichtsausdruck. Der war nämlich vollkommen verzagt.

»Nun kommen Sie erst mal rein«, sagte ich, obwohl Frau Pinnefeld ohne jede Voranmeldung meine Praxis konsultierte und ich normalerweise ja nur nach Termin arbeite. »Brauchen Sie ein Handtuch?« Frau Pinnefeld nickte und schon übergab ich ihr eines meiner Badetücher.

Darin eingewickelt, setzte sie sich dann auf meinen Behandlungsstuhl. »Sie verstehen doch was vom Glück, nicht wahr?«, wisperte sie.

»Gewiss.«

»Dann können Sie mir doch sicher auch sagen, wie ich es wiederfinde.«

»Ist es Ihnen denn abhandengekommen?«

»Ja!« Frau Pinnefeld fing an zu schluchzen. Woraufhin ich ihr die Schnäuztücher reichte.

»Und ich glaube, ich werde es nie wiederfinden.«

Das, verehrte Lesende, kenne ich. Nahezu jede Person, die mich aufsucht, ist davon überzeugt, das Glück für immer verloren zu haben. Und dann ist es an mir, diese Gewissheit auszuhebeln. Zunächst mal aber brauchte ich weitere Informationen. »Wann genau haben Sie es denn verloren, Frau Pinnefeld?«

»Gerade eben.«

»Tatsächlich?«

»Ja! Der Mann, den ich liebe, ist einfach an mir vorbeigefahren. Und hat mich auch noch mit Schlamm bespritzt!«

»Das ist ja entsetzlich!«

Ich ahnte natürlich, dass es sich hier um keine herkömmliche Liebesgeschichte handelte, gab mich aber weiterhin ahnungslos. Und so erzählte mir Frau Pinnefeld haarklein von ihrem Dilemma. Für Sie, verehrte Lesende, werde ich das nun ein wenig kompakter zusammenfassen.

Frau Pinnefeld (die natürlich nicht im wahren Leben so heißt) zählte zu den Menschen, die erst spät im Leben das Verliebtsein entdeckten. Ja, sie war, wie sie da vor mir saß und die dreißig schon längst überschritten hatte, noch immer Jungfrau. Aber das soll unser Thema nicht sein, dazu kommen wir in einem späteren Kapitel. Es war nun so, dass Frau Pinnefeld lange Zeit zufrieden gewesen war mit ihrem Leben. Mit der Arbeit bei den Münchener Wasserwerken genauso wie mit der Tatsache, dass sie noch immer im Haus ihrer Eltern wohnte. »Ich habe nichts vermisst, Frau Gilhu. Verstehen Sie?«

Natürlich verstand ich das. Ich lebe ja ebenfalls allein. Habe aber im Gegensatz zu Frau Pinnefeld bereits ausgiebig gekostet an den Nektartöpfen des Lebens!

Nun, Frau Pinnefeld war vor einigen Monaten etwas widerfahren, was die bisherige Ordnung ihres Alltags vollkommen auf den Kopf gestellt hatte. Der Mann nämlich, dem sie am Nachmittag immer ihre Monatskarte für die Münchener Verkehrsbetriebe vor die Nase gehalten hatte, hatte sie plötzlich angelächelt.

»Und zwar so, Frau Gilhu, dass mir auf einmal ganz heiß und kalt wurde!« Als sie mir das erzählte, bekam Frau Pinnefeld auch jetzt noch einen roten Kopf.

»Aber er war ja sicher nicht der erste Mann, der Sie angelächelt hat, Frau Pinnefeld?«, hakte ich nach.

»Wahrscheinlich nicht«, gab Frau Pinnefeld nun zu. »Aber niemand hat mir dabei so tief in die Augen geschaut!« Sekundenlang starrte Frau Pinnefeld nun auch in meine Augen. Ihre waren übrigens kornblumenblau und passten in ihrer Lebendigkeit im Grunde gar nicht zu der ansonsten sehr biederen Erscheinung von Frau Pinnefeld. Aber vermutlich lag hier der Hase im Pfeffer!

»Es war auf einmal alles anders, Frau Gilhu«, setzte sie nun an und wollte auf einmal gar nicht mehr aufhören zu reden. »Das Essen, das meine Mutter abends auf den Tisch stellte, schmeckte mir nicht mehr und die Serie, die ich gerade guckte, langweilte mich plötzlich.«

»Was war es denn für eine Serie?« (Ich bin ein neugieriger Mensch und immer auf der Suche nach Anregungen, verehrte Lesende.)

»*Downton Abbey.*«

»Ach! Aber das ist doch so schön!«

»Das fand ich ja auch. Aber auf einmal war mir egal, was die da machten. Ich dachte ja nur noch an meinen Busfahrer!«

Auch die Nachtruhe war nun nicht mehr selbstverständlich für Frau Pinnefeld. Und als sie am nächsten Tag an der Arbeit saß, drehte sich alles in ihrem Kopf um die Frage, ob sie es schaffen würde, wieder pünktlich zum Bus zu kommen. Das gelang glücklicherweise. »Und dann hat er mich wieder angelächelt!« Tränen der Rührung überströmten das Gesicht von Frau Pinnefeld.

So ging es einige Wochen. Frau Pinnefeld bestieg pünktlich den Bus, zeigte ihren Fahrausweis, der Busfahrer lächelte und sie lächelte zurück. Während sie dann auf ihrem Platz saß und dem Elternhaus entgegenfuhr, lächelte ihr der Busfahrer durch den Rückspiegel noch mehrere weitere Male entgegen und wenn sie den Bus verließ, schaute sie immer noch einmal zurück und erhob irgendwann auch die Hand zu einem kleinen Verabschiedungsgruß.

Eine zauberhafte Geschichte, nicht wahr? Sie erinnerte mich ein wenig an diese eine Episode aus *Tatsächlich Liebe*. Sie kennen den Film doch sicherlich? Da gibt es doch diese junge Frau, die sich in den Kollegen verliebt hat und den über Monate hinweg anhimmelt. Schließlich ist es der Chef, der sie dazu ermuntert, nun endlich mal Nägel mit Köpfen zu machen. Eine solche Rolle musste im Falle der Frau Pinnefeld nun ich übernehmen. Aber zunächst mal müssen wir natürlich noch erfahren, weshalb Frau Pinnefeld auf meinem Behandlungsstuhl saß. Denn es war etwas vorgefallen, was sie zutiefst erschüttert hatte.

»Er ist einfach an mir vorbeigefahren!«

»Aber das darf er doch gar nicht! Er ist doch Busfahrer!«

»Wie meinen Sie das, Frau Gilhu?«

»Nun, Frau Pinnefeld, es gibt bei öffentlichen Verkehrsmitteln so etwas wie eine Beförderungspflicht. Und die verletzt ein Busfahrer, wenn er an einem Fahrgast einfach vorbeifährt.« Ich bin zwar keine Juristin, aber ein wenig kannte ich mich doch aus mit unserem Rechtssystem! »Sie könnten ihn anzeigen, Frau Pinnefeld!«

»Das würde ich doch niemals tun!« Erschrocken, fast schon empört betrachtete mich Frau Pinnefeld.

»Sind Sie denn sicher, dass er Sie überhaupt gesehen hat?«

»Aber natürlich! Ich stand ja da, wo ich immer stehe!«

»Vielleicht hat er vor lauter Begeisterung, Sie zu sehen, das Gaspedal mit der Bremse verwechselt?« Ich kenne mich mit motorisierten Fahrzeugen zwar nicht besonders gut aus, weiß aber schon etwas über die Grundgesetze der Mobilität.

»Meinen Sie?« Ein hoffnungsvolles Flackern durchzog die Augen von Frau Pinnefeld. »Aber dann hätte er doch trotzdem noch bremsen können. Oder vielleicht sogar umkehren?«

»Womöglich befand er sich in großer Eile?« Was ich da sagte, glaubte ich natürlich selbst nicht so ganz. Aber es galt nun, Frau Pinnefeld wieder ein wenig aufzubauen. Sie brauchte Kraft, für das, was ihr nun bevorstand. Es ging jetzt nämlich um Konfrontation!

»Wissen Sie was, Frau Pinnefeld«, sagte ich also. »Sie werden niemals herausfinden, warum Ihr Busfahrer an Ihnen vorbeigefahren ist, wenn Sie ihn nicht selbst danach fragen.«

»Ich soll ihn ansprechen?« Frau Pinnefelds Gesicht lief wieder rot an.

»Unbedingt!«

Ich erhob mich von meinem Stuhl. Das mache ich nicht selten, wenn das Gespräch mit den Klienten an eine solche Klippe gelangt. Denn es war ja klar: Frau Pinnefeld musste springen! Über ihren Schatten! In den Bus! Ins Leben!

»Sie werden morgen wieder an der Haltestelle stehen und wenn er dann anhält, gehen Sie hinein und stellen ihm die entscheidende Frage.«

»Wenn er aber wieder an mir vorbeifährt?«

»Das wird nicht passieren, Frau Pinnefeld!«

»Woher wissen Sie das, Frau Gilhu?«

»Weil ich dafür sorgen werde, dass er anhält!« Es ist ja so, verehrte Lesende: Wenn es darum geht, jemanden mit etwas zu konfrontieren, wovor er Angst hat, muss man ihn begleiten. Oder haben Sie schon einmal davon gehört, dass ein Verhaltenstherapeut einem Arachnophobiker empfiehlt, sich auf eigene Faust eine Spinne anzuschaffen? Nein, ein guter Therapeut kauft selbst ein solches Tier, besitzt vielleicht sogar ein Terrarium und konfrontiert den Patienten dann im geschützten Rahmen seiner Praxis mit diesem furchterregenden Geschöpf. Und genauso war es nun meine Aufgabe – ich möchte sagen, meine Pflicht! –, Frau Pinnefeld auf ihrer Mission zu begleiten.

»Wollen Sie denn dann mit mir gemeinsam in den Bus steigen, Frau Gilhu?« Frau Pinnefeld sprach wieder in diesem verängstigten Ton.

»Aber nein! Ich steige bereits eine Station früher ein und werde dann an der Station, wo Sie stehen, auf den Stop-Knopf drücken.«

»Sie wollen dann schon wieder aussteigen?«

»Aber nein! Ich bleibe sitzen und diene Ihnen sozusagen als moralischer Beistand.«

»Aber wenn Sie den Stop-Knopf drücken, müssen Sie doch auch aussteigen.«

»Wer sagt denn das?«

»Die Fahrgastverordnung.«

Sie sehen an dieser Stelle, verehrte Lesende: Frau Pinnefeld war eine überaus gewissenhafte Staatsbürgerin.

Auch das galt es zu durchbrechen! Ich wollte sie natürlich nicht zu Staatszersetzung anstiften, aber sie schon auch dazu bewegen, einmal etwas zu tun, was nicht ihrem Pflichtgefühl entsprach, sondern ihrer ganz persönlichen Willenskraft. Dass dieser Wille bei Frau Pinnefeld verschüttet war, wissen wir natürlich längst, aber ihn galt es freizuschaufeln und da befanden wir uns, da werden Sie mir sicher zustimmen, auf einem guten Weg.

Am nächsten Tag war es dann so weit. Ich fand mich zur besprochenen Zeit an der entsprechenden Haltestelle ein. Zugegebenermaßen war ich nun selbst ein wenig aufgeregt. Womöglich säße besagter Fahrer gar nicht am Steuer – war vielleicht krank oder hatte seinen Dienst getauscht? Davon ging ich aber nicht aus. Außerdem musste ich ihn ja gar nicht erkennen. Das Entscheidende war, dass der Bus an der Haltestelle hielt, an der Frau

Pinnefeld nun sicher mit einem ungleich stärkeren Herzrasen auf ihn wartete.

Aber was, wenn der Bus nun auch an mir vorbeifuhr? Nun, das war natürlich möglich, aber ebenfalls nicht besonders wahrscheinlich. Denn es standen ja, wie ich nun bemerkte, noch zwei weitere Menschen an der Haltestelle.

Kurzum: Der Bus kam, hielt an und ich stieg ein.

Weil ich keine Abonnementsinhaberin bin, musste ich ein Ticket kaufen. Ich richtete also das Wort an den Busfahrer. Einen jungen Mann, der ein wenig so aussah wie Boris Becker. Also durchaus sympathisch.

Und was ich auch gleich bemerkte, als ich meinen Wunsch nach einem Fahrkärtchen vortrug: Der junge Mann war nervös! Mit fahrigen Handbewegungen drückte er die Knöpfe, die das Wechselgeld in diese kleine Schale rieseln ließen, und schaute mich währenddessen auch gar nicht an. Das gab mir zu denken! Ich nahm also das Wechselgeld aus dem Schälchen und begab mich auf einen freien Sitzplatz in nicht allzu großer Entfernung vom Fahrersitz.

Um meinen Einsatz auf keinen Fall zu verpassen, hielt ich meinen Finger auf den Stop-Knopf und drückte ihn dann, als wir uns etwa 200 Meter vor der nächsten Haltestelle befanden. Von dort sah ich auch schon den dunklen Schopf von Frau Pinnefeld. Ihr orangener Schal, den sie auch gestern getragen hatte, flatterte im Wind. Tja, und dann meinte ich wahrzunehmen, wie der Fahrer wieder das tun wollte, was er bereits gestern getan hatte, nämlich aufs Gaspedal treten, und deshalb rief ich nun sehr laut und vernehmlich: »Können Sie bitte anhalten? Ich möchte hier aussteigen!«

Frau Pinnefeld betrat den Bus, streckte ihr Abonnementkärtchen dem Fahrer entgegen und machte dann das, was ich ihr *nicht* empfohlen hatte. Sie sagte keinen einzigen Ton. Stattdessen eilte sie mit schnellen Schritten in meine Richtung und fiel förmlich auf den Sitz neben mir.

»Wollten Sie nicht aussteigen?«, kam es da vom Fahrersitz.

»Ach nein«, rief ich fröhlich. »Ich habe es mir anders überlegt!«

Und an Frau Pinnefeld gewandt sagte ich: »Sehen Sie, niemand muss aussteigen, wenn er nicht will!«

Frau Pinnefeld nickte stumm. Dabei starrte sie auf ihre Füße. An denen befanden sich wieder diese braunen Treter, die sie auch gestern getragen hatte. Wenn mich nicht alles täuschte, besaß meine Schwester auch ein solches Paar. »Ich habe es verpatzt, Frau Gilhu.«

»Ach was, Frau Pinnefeld. Noch ist hier gar nichts verpatzt!«

»Aber ich habe ihn doch nicht angesprochen.«

»Was nicht ist, kann ja noch werden!«

»Aber ich kann ihn doch nicht einfach während der Fahrt ansprechen. Das gehört sich doch nicht.«

»Das muss ein Busfahrer aushalten. Stellen Sie sich einmal vor, ich hätte einen Herzinfarkt, dann müssten wir den Busfahrer ja auch darüber in Kenntnis setzen und würden nicht so lange warten, bis er die nächste Haltestelle erreicht hat. Aber wissen Sie was, Frau Pinnefeld? Mir gefällt Ihr rücksichtsvoller Ansatz! Und deshalb fahren wir jetzt einfach mit diesem Bus bis zur Endstation!«

»Und dann?«

»Dann macht der Herr Pause und dann können Sie ihn in aller Ruhe ansprechen.«

»Um Gottes willen, Frau Gilhu!« Frau Pinnefelds Knie fingen an zu zittern.

Zur Beruhigung griff ich nach ihrer Hand. »Schauen Sie, Frau Pinnefeld«, sagte ich. »Wir befinden uns jetzt vor einem Nadelöhr! Wenn wir uns da durchgezwängt haben, haben wir es geschafft!«

Ich drückte noch einmal die Hand von Frau Pinnefeld und ließ sie dann wieder los.

»Was soll ich ihm denn überhaupt sagen, Frau Gilhu?«

»Sie wollten den jungen Mann doch fragen, warum er gestern an Ihnen vorbeigefahren ist.«

»Aber heute hat er doch wieder angehalten.«

»Weil ich auf den Stop-Knopf gedrückt habe.«

»Meinen Sie, er wäre ansonsten weitergefahren?«

»Ich halte es für möglich, Frau Pinnefeld.«

»Aber dann macht das doch alles gar keinen Sinn, Frau Gilhu.«

»Was jetzt?«

»Dass ich diesen Annäherungsversuch unternehme. Der mag mich doch überhaupt nicht.«

»Aber das können Sie doch gar nicht wissen, Frau Pinnefeld.« Dass vermutlich das Gegenteil der Fall war und der Fahrer nur deshalb aufs Gaspedal getreten war, weil ihn die Gefühle für Frau Pinnefeld übermannt und quasi zu einer paradoxen Reaktion veranlasst hatten, sagte ich nicht. Ich wollte ja keine falschen Hoffnungen wecken. »Das Entscheidende ist, dass Sie den Kontakt zu dem jungen Mann aufnehmen. Das ist doch das, was Sie wollen! Oder möchten Sie in zehn Jahren noch immer an der Bushaltestelle stehen? Dann sind Sie Mitte vierzig und der Zug beziehungsweise der Bus ist womöglich abgefahren!« Ja, das gehört auch zu einer Konfrontation. Dass man dem Patienten unangenehme Wahrheiten nicht erspart.

Ihn damit aber nicht allein lässt: »Schauen Sie, Frau Pinnefeld. Was wäre denn das Schlimmste, was Ihnen passieren könnte?«

»Dass er mich auslacht.«

»Das wird er mit Sicherheit nicht tun. Haben Sie denn so etwas schon einmal erlebt?«

»Jeden Tag.«

»Aber wer lacht Sie denn dann bitte aus?«

»Mein Bruder.«

»Und warum?«

»Weil er mich lächerlich findet.«

»Ach Gott!«, entfuhr es mir. Das war ja auch wirklich entsetzlich, was Frau Pinnefeld da erzählte. Nun wunderte mich gar nichts mehr. »Aber sehen Sie, Frau Pinnefeld«, setzte ich nun noch kämpferischer an und griff wieder nach ihrer Hand. »Gerade deshalb werden Sie jetzt gleich Ihren ganzen Mut zusammennehmen und etwas tun, was sich Ihr Bruder vermutlich niemals getraut hat. Oder denken Sie, er hätte jemals etwas getan, was einem Herzenswunsch entsprach?«

»Ich weiß es nicht.«

»Sehen Sie! Ihr Bruder scheint mir ein sehr unzufriedener Mensch zu sein. Und in Ihnen hat er so etwas gefunden wie einen Fußabtreter. Aber damit ist jetzt Schluss, Frau Pinnefeld!«

Nun ging es natürlich ein wenig mit mir durch. Aber das ist ein generelles Problem von uns Therapeuten. Wir haben auch Gefühle! Und wenn einer meiner Klienten schlecht behandelt wird, regt sich mein Gerechtigkeitsempfinden. Aber natürlich war ich nur der Knappe von Frau Pinnefeld. Ihren Kampf musste sie selbst ausfechten! Und dazu kam es nun auch, denn wir näherten uns der Endhaltestelle. Außer uns saß nur noch ein einzelner älterer Herr im Bus. Der blieb auch noch sitzen, als der Bus anhielt.

»Endstation! Alle Mann aussteigen!« Unser Fahrer machte auch diese Ansage persönlich. Und warf einen weiteren irritierten Blick auf mich und Frau Pinnefeld. Dass er verwundert war, wunderte mich nicht.

Auf jeden Fall stieg der ältere Herr nun auch aus und übrig blieben Frau Pinnefeld und ich.

»Wollen Sie nicht auch aussteigen?«

»Ich würde gerne wieder mit Ihnen zurückfahren!«

»Ja, aber eigentlich müssen an der Endhaltestelle erst mal alle Fahrgäste den Bus verlassen.«

»Gut, dann mache ich das jetzt auch.« Ich erhob mich von meinem Sitz und gab Frau Pinnefeld einen kleinen Schubs. »Machen Sie es jetzt«, flüsterte ich. Gehen Sie zu ihm! Das ist jetzt Ihre Chance! Ich warte draußen auf Sie!«

Und so geschah es. Ich verließ den Bus, Frau Pinnefeld erhob sich aus ihrem Sitz und ging, als würde sie gesteuert von einer überirdischen Macht, nach vorn zum Fahrersitz und ich sah von außen, wie sich ihr Mund bewegte. Das hieß also, sie sprach! Mit dem Mann, für den sie nun schon seit Monaten schwärmte und der womöglich derjenige sein würde, mit dem sie ihr erstes Liebesglück erfahren sollte. Um es kurz zu machen: Ich hatte ein gutes Gefühl!

Und wissen Sie, was ich dann machte? Ich lief einfach nach Hause. Denn wie es aussah, brauchte mich Frau Pinnefeld jetzt nicht mehr. Sie drehte sich ja auch nicht nach mir um. Stattdessen plauderten die beiden, wie es aussah, sehr angeregt miteinander. Ich verdrückte mich also, wie man so schön sagt, und überließ Frau Pinnefeld ihrem Schicksal.

Als ich nach zwei Stunden Fußmarsch wieder in meiner Praxis eintraf, hatte ich ihre Stimme auch schon auf meinem Anrufbeantworter. »Wissen Sie was, Frau Gilhu«, überschlug sich Frau Pinnefeld da förmlich. »Wir wollen uns nächste Woche treffen. Im Englischen Garten!«

Lassen Sie uns also festhalten: Manchmal ist das Glück ein Omnibus. Nicht selten dauert es recht lang, bis er bei uns vorfährt. Und mitunter sind dann auch noch alle Sitzplätze besetzt. Oder der Fahrer hält gar nicht erst an, weil er uns einfach übersieht. Aber was haben wir in diesem Kapitel gelernt? Es gibt immer Wege, einen fahrenden Bus zu stoppen.

Und: Sind wir erst mal drin im Bus, können wir den Fahrer zur Rede stellen. Und gemeinsam mit ihm brausen wir dann vielleicht in ein ganz neues Leben.

Bei Frau Pinnefeld war es nämlich so: Ihr Busfahrer war nicht an ihr vorbeigefahren, weil er nichts mehr mit ihr zu tun haben wollte – nein, im Gegenteil: Als er sie an besagtem Tag dort stehen sah (an der Haltestelle, von wo aus sie immer zu ihm in den Bus gestiegen war), stand neben ihr ein Mann. Der erkundigte sich nach der genauen Fahrtroute der Buslinie und rückte Frau Pinnefeld im Zuge dessen auf den Pelz. Unser Busfahrer sah nun von Weitem seinen Schwarm (Frau Pinnefeld), daneben jemanden, der den Anschein erweckte, als stünde er in einem vertrauten Verhältnis zu seinem Schwarm. Daraufhin wurde der Busfahrer durchzuckt von einem wilden Schmerz. Und tat etwas, das wir bereits wissen: Er trat aufs Gaspedal. Rauschte also in seinem Wahn, die Frau, die ihm seit einigen Wochen süße Träume bescherte, sei bereits vergeben (wie all die anderen Frauen auch, für die er in seinem 42-jährigen Leben vergeblich geschwärmt hatte) – in diesem Wahn rauschte er an der Frau vorbei, die nun dachte, der Mann, der ihr seit einigen Wochen süße Träume bescherte, sei auch wieder einer von denen, die mit ihren Gefühlen spielten und sich (wie ihr Bruder) über sie lustig machten.

Ja, und mit diesen wechselseitigen Trugschlüssen hätten nun der Busfahrer und Frau Pinnefeld ihr Leben weiterhin in einem entsprechenden Trübsinn verbringen können. Aber es kam anders und Sie, verehrte Lesende, wissen auch schon, warum! Indem sich Frau Pinnefeld an mich wandte, rüttelte sie an den Stäben ihres inneren Gefängnisses. Gemeinsam mit mir hat sie diese Stäbe dann zersägt. Und den Weg in die Freiheit, den geht sie nun ohne meine Hilfe, aber nicht allein, sondern gemeinsam mit ihrem Busfahrer.

Ist das nicht eine schöne Geschichte?

Buch weggelegt,
losgelegt –
die Glücksaktion

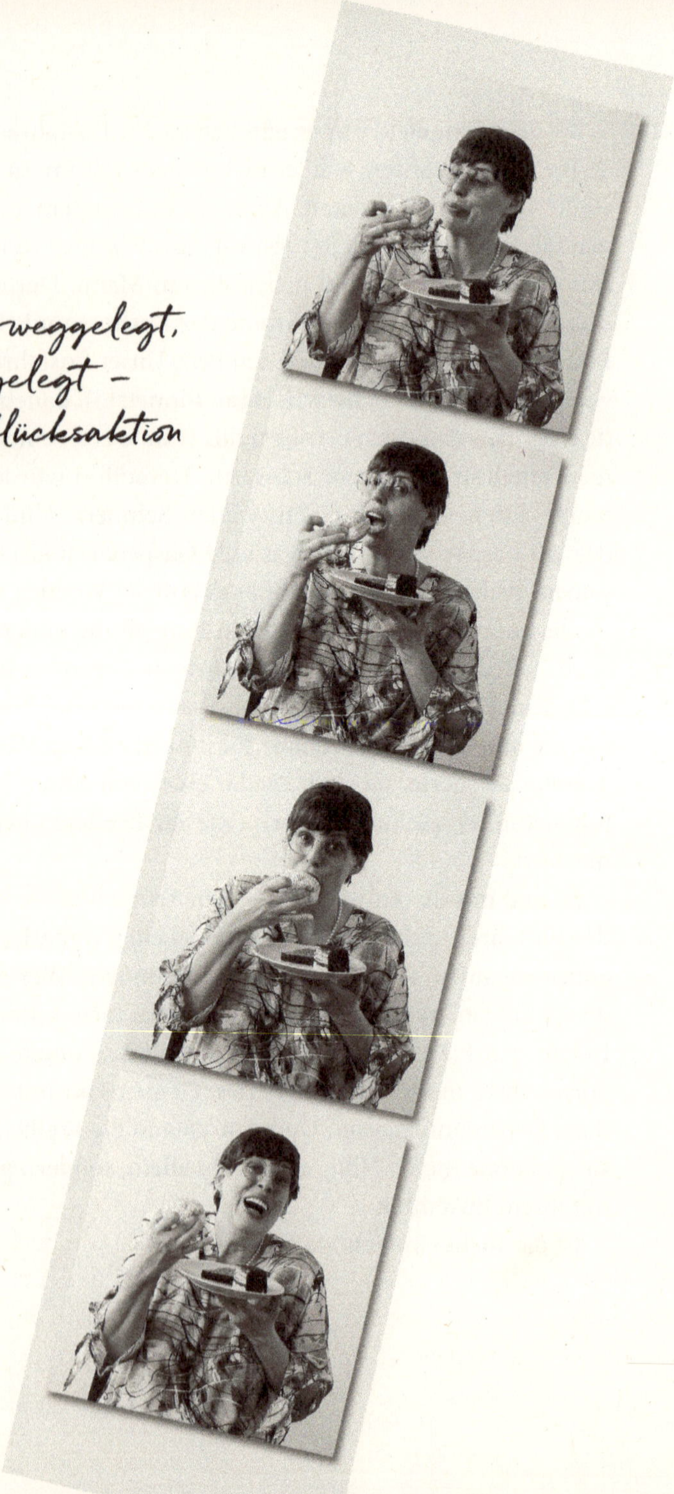

Der Kuchen

Nein, Sie müssen jetzt kein Rezeptbuch hervorholen oder gar den Backofen anschmeißen. Wir gehen in die Konditorei! Und bringen somit auch das Glück zum Konditor! Denn der hat sich ja sehr viel Mühe gegeben mit seinen Backwaren und diese Mühe belohnen wir, wenn wir ihm seine Backwerke abkaufen.

Aber der Reihe nach: Zunächst mal überlegen wir uns: In welche Konditorei möchte ich gehen? Gibt es überhaupt eine Konditorei in meiner Nähe?

Bereits die Recherche bringt Sie in Stimmung! Nun, und dann geht es weiter: Wie komme ich dahin? Möglichst nicht – und das ist jetzt besonders wichtig! – *nicht* auf dem direkten Weg! Denn wir wollen uns den Kuchen ja erarbeiten. Der Kuchen ist die Belohnung!

Zunächst mal ziehen wir uns aber etwas Hübsches an. Und dann geht es los! Strammen Schrittes oder lieber in einem gemütlichen Spaziergangstempo – das können Sie selbst entscheiden.

Jetzt ist auf jeden Fall der Zeitpunkt für folgende Überlegungen: Verlangt es mich eher nach einem Sahneschnittchen oder nach einem Obstkuchen? Einem Plunderteilchen oder einer Rumkugel? So lässt sich das Angebot im Vorfeld schon ein wenig eingrenzen – und Sie werden im Laden selbst dann nicht erschlagen von der Vielfalt der dargebotenen Köstlichkeiten.

Natürlich kann es sein, dass Ihnen im Laden selbst etwas ins Auge sticht, an das Sie vorher gar nicht gedacht haben. Ein besonders hübsch dekoriertes Joghurttörtchen vielleicht oder ein ungewöhnlich knusprig ausschauendes Nusseckchen. Möglicherweise kaufen Sie das dann einfach noch dazu – denn es ist ja so, verehrte Lesende: Auf einem Bein steht es sich nicht gut! Und: Ein Stückchen Kuchen ist im Grunde kein Stückchen Kuchen.

Kurzum: Sind Sie erst mal angekommen in der Konditorei, kaufen Sie das, wonach es Sie am heutigen Tage verlangt. Natürlich nur so viel, wie es Ihr Geldbeutel zulässt. Denken Sie lieber noch einmal genau nach.

Spüren Sie in sich hinein: Was soll nachher an meinen Gaumen gelangen? Lieber der Mandelsplitter vom Bienenstich oder die zarte Schokoladendecke von der Donauwelle? Lassen Sie sich hier auch nicht unter Druck setzen von anderen Kunden. Drängelt jemand hinter Ihnen, dann sagen Sie doch einfach: »Darf ich Sie vielleicht vorlassen?« Oder auch: »Ist das nicht herrlich, diese Vielfalt verschiedener Backwaren?« Und schon haben Sie ihn (oder sie!) im Boot!

Gleiches gilt für das Verkaufsgespräch mit der Konditoreifachkraft: Auch hier lassen wir uns nicht unter Druck setzen! Nein, wir sind diejenigen, die es in der Hand (und im Geldbeutel!) haben. Deshalb erkundigen wir uns auch nach allem, was wir wissen wollen. Ist der Berliner mit Marmelade gefüllt oder mit Pflaumenmus? Wie viele Eier verbergen sich im Schweizer Eierkuchen? Und: Welchen Alkoholgehalt besitzt die Schwarzwälder Kirschtorte?

Währenddessen bemühen wir uns natürlich um einen freundlichen Ton. Die Fachkraft soll sich nicht ausgefragt fühlen, sondern anerkannt für ihre fachkundige Expertise. Haben wir uns entschieden, sagen wir vielleicht noch: »Oh, nun glauben Sie gar nicht, wie ich mich freue, das gleich zu Hause zu verputzen!« Das freut dann auch die Fachkraft und alle haben am Ende ein gutes Gefühl!

Zufrieden tragen wir schließlich unser Gebäckpäckchen aus dem Laden und machen uns auf den Weg nach Hause. Dort kochen wir das Heißgetränk unserer Wahl – ein Tässchen Kaffee oder einen Becher Tee, zünden vielleicht auch ein Kerzchen an und dann ist der Moment gekommen, auf den wir nun schon so lange hingearbeitet haben: Wir nehmen die Kuchengabel in die Hand und führen uns mit ihrer Hilfe die süße Köstlichkeit in den Mund.

Während nun sämtliche Geschmacksknospen explodieren, bleibt mir nur noch zu sagen: Wohl bekomm's, verehrte Lesende! Und: Bon Appetit!

2

Ich bin froh und heiter,
Glück ist mein Begleiter

Sie haben mich ja bereits ein wenig kennengelernt, verehrte Lesende. Dann wissen Sie auch, dass ich grundsätzlich *nicht* dazu neige, mich vom Leben ins Bockshorn jagen zu lassen. Aber auch wenn ich kein Hasenfuß bin, bin ich nicht frei von Ängsten. Ich mag keine Spinnen, begebe mich nicht gern in schwindlige Höhen und habe einen gehörigen Respekt vor dem Abheben in die Luft. Man könnte auch sagen: Frau Gilhu hat Flugangst. Aber die hat sie mittlerweile gut im Griff. Wie es dazu gekommen ist, davon möchte ich Ihnen nun berichten.

Drei Jahre ist es erst her. Man hatte mich eingeladen zu einem Glücks-Kongress in New York. Und ich hatte sofort zugesagt (*Happiness in Hard Times* war ja genau mein Thema!), dabei aber nicht bedacht, dass ich dafür neun Stunden *allein* im Flugzeug würde sitzen müssen. »Das schaffst du, Anele«, sagte ich mir immer wieder, auch noch am Flughafen, als ich vor der Sicherheitsschleuse stand. »Der Gürtel!«, rief da auf einmal jemand in strengem Ton.

»Was ist denn mit meinem Gürtel?«, fragte ich (ahnungslos).

»Sie müssen ihn ausziehen!«

»Ach so!« Ich riss mir, weil ich ja nicht den Betrieb aufhalten wollte, den Gürtel sogleich vom Leib. Was nun ein wenig unangenehm war, als ich in der Schleuse meine Arme nach oben strecken musste. »Huch«, schrie ich. Sämtliche Sicherheitsbeamte fuhren zusammen. »Alles gut!« Ich hatte die Hose wieder zu fassen bekommen. Lächelte in die Runde und entfernte mich dann schnellstmöglich von der Sicherheitsschleuse. Zur Beruhigung kaufte ich mir erst mal eine große Toblerone. Davon biss ich auch gleich ein Eckchen ab. Anschließend begab ich mich zum

Gate und setzte mich in eine dieser Sitzreihen. Durch die große Glasscheibe sah ich auch schon unser Flugzeug. Soweit ich weiß, handelte es sich um einen Jumbojet. Das Flugzeug war also enorm groß. »Du schaffst das, Anele!«, sagte ich mir erneut, natürlich so leise, dass es niemand hörte. Wenige Augenblicke später stand ich dann in diesem Finger.

»Ganz schön eng hier, was?« Ich wandte mich an die Herrschaften, die hinter mir standen, bekam aber keine Antwort. Etwas zugewandter waren die beiden Stewardessen am Eingang des Flugzeugs. »Schönen guten Tag«, sagte ich und reichte den Damen die Hand. Die eine der beiden übergab mir daraufhin ein kleines Schokoladentäfelchen. »Ach, das ist aber reizend!«, rief ich. »Dann hab ich ja gleich etwas zum Schnabulieren!«

Mein Platz befand sich im hinteren Bereich des Flugzeugs. Am Fenster saß bereits ein junger Mann. Der mittlere Sitzplatz war frei. So konnten wir also Abstand halten, der junge Mann und ich. Normalerweise beachten mich junge Männer ja ohnehin nicht mehr und so ging ich davon aus, dass ich auch mit diesem nicht ins Gespräch kommen würde. Weit gefehlt! Der junge Mann beugte sich, nachdem ich mich eingerichtet hatte, zu mir herüber und fragte: »Meinen Sie, ich habe das richtig gemacht mit meinem Gurt?« Er zeigte auf seinen Bauch.

»Ich glaube schon.« Ich warf einen prüfenden Blick auf den Gurt. »Hauptsache, er steckt im Schlitz!«

»Das tut er! Aber er ist so verheddert!«

Ein wenig komisch kam mir das nun schon vor. Wollte der junge Mann mich absichtlich in ein frivoles Gespräch verwickeln? Und was hatte er womöglich sonst noch mit mir vor? Das fragte ich mich und wurde erfasst von einer Hitzewelle.

»Wissen Sie«, sagte der junge Mann nun. »Ich fliege nicht sehr oft. Und ich fliege, ehrlich gesagt, auch nicht besonders gern.«

»Ich auch nicht!« Sofort fühlte ich mich ein wenig erleichtert. Und begriff nun auch, was mit dem jungen Mann los war. Er hatte Angst! Das Flackern in seinen Augen galt nicht mir beziehungsweise meiner Wirkung auf ihn, sondern der Tatsache, dass er sich nicht wohlfühlte. So ging es mir ja auch. Wir saßen also im selben Boot! Befanden uns aber nicht auf hoher See, sondern in einem Raum, aus dem man nun, da alle Passagiere eingestiegen waren, nicht mehr herauskam. Für einen Klaustrophobiker ist das ohnehin schon ein Albtraum. Nun hatten wir es aber nicht nur mit einem geschlossenen Raum zu tun, sondern auch noch mit einem, der gleich den Erdboden verlassen sollte. »Wissen Sie«, sagte ich und beugte mich hinüber zu dem jungen Mann. »Das ist hier ja ein Jumbojet. Und kein Propellerflugzeug!«

»Wie meinen Sie das?« Die Augen des jungen Mannes flackerten nun noch ein wenig unruhiger.

»Nun, ich meine, in einem Propellerflugzeug würde ich mich jetzt noch unsicherer fühlen. Aber so ein Jumbojet besitzt ja, wenn ich richtig informiert bin, gleich drei Triebwerke.«

»Davon kann eins sogar ausfallen!«

»Genau!« Der junge Mann hatte sich also auch informiert. Informationen sind in der Regel ja sehr hilfreich. Kann man sich die Dinge erklären, flößen sie einem gleich nicht mehr so viel Angst ein.

»Und es ist sehr unwahrscheinlich, dass von drei Triebwerken gleich alle drei ausfallen«, gab ich nun auch mein Wissen preis. »Fällt aber ein Propeller aus, ist es vorbei.«

»Oh, ja!« Der junge Mann gab einen schaudernden Seufzton von sich. »Ich bin einmal mit einem Propellerflugzeug nach Prag geflogen. Das war ein Albtraum!«

»Das kann ich mir vorstellen!« Ich gab nun auch einen Ton des Schauderns von mir. »Ist dir dein Leben lieb und teuer, fliege niemals mit Propeller!« Das reimte sich zwar nicht wirklich, der junge Mann reagierte trotzdem mit Begeisterung: »Ganz genau! Vollkommen richtig! So ist es!«

»Genauso ist es eben nicht!« Der junge Mann und ich zuckten zusammen. Dann drehten wir uns um und sahen über uns den Kopf eines älteren Herrn. »Es gibt überhaupt keinen Beleg dafür, dass Propellerflugzeuge häufiger abstürzen als triebwerkgesteuerte Maschinen!«

»Woher wissen Sie das denn?«, fragte der junge Mann.

»Ich kenne mich aus mit der Luftfahrt. War selbst einmal Pilot!«

»Ach ja?«, entfuhr es nun mir. »Das ist ja interessant! Dann können Sie uns vielleicht ein wenig beruhigen. Möchten Sie sich vielleicht zwischen uns setzen?«

»Warum nicht? Wenn ich den Herrschaften damit behilflich sein kann. Einen Moment bitte!« Seinem fortgeschrittenen Alter entsprechend wechselte der Herr nun etwas umständlich seinen Sitzplatz. »Gestatten. Umbach!« Der ehemalige Pilot gab uns die Hand. »Angenehm. Gilhu!« »Angenehm. Kreuzfeld!«

So wussten wir also alle, wie wir hießen, und das erleichtert mir nun auch die Wiedergabe unseres Dialogs.

»Bisher verläuft alles vollkommen normal«, versicherte uns Herr Umbach. »Und was Sie nun hören, ist das Auffahren der Triebwerke. Die Maschine macht sich bereit zum Start.«

»Ach was«, sagte Herr Kreuzfeld. »Dann geht es also gleich los?«

»Ganz genau! Gleich ist es so weit!«

Die Maschine machte einen Ruck und rollte auf ihre Startposition.

»Ich würde den Herrschaften empfehlen, sich jetzt ein wenig zurückzulehnen«, sagte Herr Umbach.

»Ach Gott, ach Gott«, wisperte Herr Kreuzfeld. »Das ist jetzt der Point of no return! Ist es nicht so?« Hilfe suchend suchte Herr Kreuzfeld meinen Blick. »Jetzt ist alles zu spät, Frau Gilhu, nicht wahr?«

»Aber nein, Herr Kreuzfeld!«, rief ich. »Sagen Sie doch so etwas nicht!« Am liebsten hätte ich jetzt noch einmal den Sitz getauscht mit Herrn Umbach. Aber das ging ja nicht, wir waren alle angegurtet und durften im Moment des Startens unsere Sitzplätze nicht verlassen. Was vielleicht besser war, denn ansonsten hätte ich nun in einer mütterlichen Aufwallung nach der Hand des jungen Mannes gegriffen und ihm womöglich auch noch über den Kopf gestreichelt. Denn es ist ja so, verehrte Lesende: Unsere eigenen Ängste minimieren sich in dem Moment, wo wir jemandem begegnen, der noch stärkere Ängste hat als wir selbst. Die Flugangst des jungen Mannes kurierte sozusagen meine eigene. Wenngleich mir auch nicht ganz wohl war, als das Flugzeug nun plötzlich losraste. Und als es dann tatsächlich abhob, dieses tonnenschwere Ungetüm, und wir uns in Schräglage befanden, irgendwo zwischen Himmel und Erde, musste auch ich mich bei Herrn Umbach versichern: »Ist das denn alles normal?«

»Aber ja! Vollkommen normal, meine Herrschaften! Wir nehmen nun beständig Höhe auf, durchstoßen jetzt gleich die Wolkendecke, das rumpelt ein wenig, aber alles funktioniert tadellos!«

»Aber wir steigen doch gar nicht!« Herr Kreuzfeld blickte panisch aus dem Fenster. Sein Gesicht war käseweiß.

»Natürlich steigen wir! Und wie wir steigen!« Herr Umbach wies auf einen dieser Bordcomputer, die über unseren Köpfen schwebten. Darauf vervielfachte sich die Zahl der Höhenmeter tatsächlich in rasanter Geschwindigkeit.

»Das ist doch ein gutes Zeichen!«, sagte ich. »Die Concorde wäre jetzt ja schon abgestürzt, nicht wahr?«

»Wie meinen Sie das, Frau Gilhu?«

»Nun, wenn ich mich recht entsinne, ist doch die Concorde, schon wenige Minuten nachdem sie gestartet ist, in der Luft explodiert.«

»Zwei Minuten!«, rief Herr Kreuzfeld. »Die Concorde ist nach genau zwei Minuten explodiert!«

»Moment, meine Herrschaften«, sagte Herr Umbach. »Die eigentliche Explosion fand ja schon nach wenigen Sekunden statt. Nach zwei Minuten ist die Concorde dann auf dieses Hotel gestürzt.«

»Ja, aber so hoch, wie wir jetzt sind, ist sie doch niemals gekommen, nicht wahr?«

»Das ist vollkommen richtig, Herr Kreuzfeld. Man könnte also sagen, wir haben die kritische Zone bereits durchstoßen.«

Wenige Sekunden später erloschen die Anschnallzeichen. Kurz darauf setzten sich die Getränkewägelchen in Bewegung. Und auf die Frage nach dem Getränkewunsch, antwortete unser Grüppchen einhellig: »Ein Gläschen Sekt, bitte!«

Nachdem wir uns zugeprostet hatten, kehrte auch in Herrn Kreuzfelds Gesicht wieder ein wenig Farbe zurück. Und wir wechselten vorübergehend sogar das Thema. Tauschten uns aus über unsere Reiseziele – Herr Kreuzfeld wollte eine junge Frau besuchen, die gerade dabei war, in New York eine Karriere als Model zu starten. »Ich habe ein ganz ungutes Gefühl, Frau Gilhu.« Er wandte sich nun direkt an mich, denn Herr Umbach hatte, nachdem er sein Gläschen Sekt geleert hatte, die Augen geschlossen.

»Aber warum denn, Herr Kreuzfeld?«

»Sie hat sich zuletzt immer unregelmäßiger gemeldet.«

»Und nun befürchten Sie, dass Sie ihr nicht mehr so viel bedeuten?«

»Genau! Ich wäre ja ansonsten auch niemals nach New York geflogen.«

»Dann hätten Sie die junge Frau also niemals besucht?«

»Sie wollte sich ja eigentlich nur ein bisschen umschauen in New York. Und dann wollten wir uns in Paris treffen.«

»Da wären Sie dann mit dem Zug gefahren?«

»Ganz genau.« Herrn Kreuzfelds Gesicht war nun wieder ein

wenig blass. Und ich verspürte erneut den Impuls, ihm über den Kopf zu streichen. Wie sehr hoffte ich für ihn, dass sein Flugabenteuer nicht in einem Fiasko enden würde.

»Aber es ist doch schön, Herr Kreuzfeld«, sagte ich in einem ermunternden Ton. »Es ist doch schön, dass Sie Ihre Angst nun durchbrochen haben. Schauen Sie, wir befinden uns jetzt über den Wolken und alles ist gut.«

»Ja, aber warten Sie mal ab, Frau Gilhu, wenn wir erst den Atlantik erreichen.«

»Was soll denn dann passieren?«

»Wenn wir dort abstürzen, fressen uns die Haie!«

»Hier wird niemand von einem Hai gefressen!« Herr Umbach schlug die Augen auf und schüttelte den Kopf. »Sollten sämtliche Triebwerke ausfallen, wovon ich nicht ausgehe, könnte das Flugzeug noch lange im Gleitflug weiterfliegen.«

»Um dann auf dem Wasser zu landen!«

»Vorher könnte man noch versuchen, Grönland anzusteuern«, warf ich ein.

»Richtig, Frau Gilhu! Und wenn das nicht gelänge, bestünde immer noch die Möglichkeit einer Notwasserung!«

»So wie 2009 auf dem Hudson?«

»Ganz genau, Herr Kreuzfeld! Ich sehe, Sie kennen sich aus!«

»Nun, ich habe mich recht gründlich informiert.«

»Das ist ja auch vernünftig«, warf ich ein.

»Aber man muss auch aufpassen, dass man sich nicht überinformiert. Ich darf das sagen, denn ich arbeite viel mit Menschen, die Ängste haben.«

»Dann sind Sie wohl eine Art Seelenklempnerin, Frau Gilhu?«

»Nun, Herr Umbach, wenn Sie darunter jemanden verstehen, der in der Psychiatrie arbeitet, trifft das auf mich nicht zu. Ich arbeite als Glücks- und Sexualtherapeutin!«

»Tatsächlich?« Herr Umbach betrachtete mich nun mit einem gewissen Erstaunen. Und erzählte dann auch sehr schnell vom

Grund seiner eigenen New-York-Reise. »Meine Frau und ich waren dort vor fünfundfünfzig Jahren auf unserer Hochzeitsreise.«

»Wie schön!«

»Ja, und nun ist sie letztes Jahr gestorben. Und wissen Sie, was ihr letzter Wunsch war?«

»Noch einmal mit Ihnen nach New York zu fliegen?«

»Richtig! Aber das haben wir nicht mehr geschafft.«

»Aber nun erfüllen Sie ihr gewissermaßen doch den Wunsch, indem Sie allein fliegen, sie aber in Gedanken dabeihaben?«

»Ganz genau so ist es, Frau Gilhu!« Herr Umbach schluckte und wischte sich eine Träne der Rührung aus dem Augenwinkel. Und wie Sie sich vorstellen können, verehrte Lesende, tat ich das auch. Selbst der junge Herr Kreuzfeld zog ein Taschentuch aus seiner Hosentasche. Vor lauter Rührung bestellten wir uns nun alle noch ein weiteres Gläschen Sekt.

Kurze Zeit später fielen mir die Augen zu. Als ich wieder aufwachte, befanden wir uns schon fast an der Festlandsgrenze der Vereinigten Staaten von Amerika. Herr Umbach erklärte uns, wo genau wir nun langflogen – von Maine war die Rede und auch von Massachusetts.

»Aber nun schnallen Sie sich mal alle schön an. Wir landen nämlich gleich!«

»Tatsächlich?« Herr Kreuzfeld griff nach seinem Gurt. »Das ist ja das Schwierigste beim Fliegen, die Landung, nicht wahr?«

»In der Tat ist das für einen Piloten stets die größte Herausforderung. Aber mittlerweile macht das ja im Grunde alles die Technik.«

»Hauptsache, es geht nach unten«, sagte ich. Und das tat es nun auch. Mit großem Geruckel durchstießen wir die Wolkendecke, sahen kurze Zeit später die Skyline New Yorks vor uns aufragen und landeten schließlich erstaunlich sanft auf der Landebahn des J.F.K. Flughafens.

»Da wären wir!«, stellte Herr Umbach fest. »Und es war doch gar nicht so schlimm, oder?«

»Nein!«, rief ich. »Es war gar nicht schlimm. Aber wissen Sie auch, warum?« Ich schaute von einem Herrn zum anderen. »Wir haben uns gegenseitig Halt gegeben!« Über diese Erkenntnis war ich so gerührt, dass mir schon wieder ein Tränchen über die Wange lief.

»Oh, ja«, rief Herr Kreuzfeld. »Sie waren meine Schutzengel!«

Fast hätten wir uns nun auch noch alle umarmt. Ich bewahrte aber die Contenance und übergab den Herren lieber noch schnell ein Visitenkärtchen.

»Sollten Sie Bedarf haben, konsultieren Sie mich gern in meiner Praxis!«

Und so endete unsere gemeinsame Flugreise. Und ich darf verraten: Noch heute stehe ich mit beiden Herren in Kontakt. Herr Kreuzfeld schreibt mir regelmäßig E-Mails und von Herrn Umbach kommt immer mal wieder ein Brief. Das ist schön und ich freue mich darüber sehr.

Bleibt mir nur noch zu sagen: Hätten sich Herr Kreuzfeld und ich in unserer Flugangst eingekapselt, wäre es ja nie zu diesem Kontakt gekommen. Den Flug hätten wir mit Sicherheit auch so überlebt, aber unsere Angst vermutlich gar nicht in den Griff bekommen. So aber saßen wir dort, zwar ein wenig besorgt, aber doch auch froh und heiter – und so war das Glück schließlich auch unser Begleiter. Es ist nicht so, dass ich heute vollkommen unbesorgt in ein Flugzeug steigen würde – das tue ich ja schon aus Klimaschutzgründen nicht! –, aber ich denke dann immer an Herrn Umbach und stelle mir vor, er würde neben mir sitzen. Fehlt uns also ein tatsächlicher Begleiter, stellen wir uns einfach einen vor!

Buch weggelegt, losgelegt – die Glücksaktion

Die Löffelchenmethode

Ja, Sie haben richtig gelesen, heute widmen wir uns dem Löffel! Und dabei geht es ausnahmsweise mal nicht ums Essen. Wir wollen auch niemandem eins hinter die Löffel geben. Nein, verehrte Lesende, der Löffel dient uns als einfaches, aber überaus wirkungsvolles Instrument zur Herstellung von körperlichen Sensationen!

Schauen wir aber zunächst in unsere Besteckschublade: Welcher Löffel soll es sein? Sofern Sie nicht über eine vollkommen einheitliche Besteck-Ansammlung verfügen, kennen Sie das sicherlich: Wir essen nicht von jedem Löffel gleichermaßen gern. Da gibt es vielleicht den mit dem dünnen Rand, der uns beim Suppe-Schlürfen fast die Zunge zerschneidet, oder den mit dem Plastikgriff, der sich nur widerspenstig in die Hand nehmen lässt. Entscheiden wir uns also für unseren Lieblingslöffel! Den, der ebenso gut in der Hand liegt, wie er über die Zunge gleitet.

Haben wir ihn gefunden, suchen wir uns ein hübsches Plätzchen. Am besten setzen wir uns auf einen Stuhl. Stellen die Füße auf den Boden. Schließen vielleicht für einen Moment die Augen und atmen einmal ganz tief durch. Solchermaßen geerdet, umfassen wir nun mit der Hand, mit der wir auch schreiben, unseren Löffel mit festem (aber nicht verkrampftem!) Griff. So – und jetzt kommt's! Wir heben den Löffel in Richtung unserer Wangen, überlegen kurz, welche Wange soll die erste sein (die rechte oder die linke?), drehen nun den Löffel so, dass die bauchige Seite zur Wange hin zeigt, und dann passiert es: Der Löffelbauch berührt die Wange! Allein das ist schon eine Sensation! Vielleicht reicht Ihnen diese Empfindung bereits und Sie kosten sie, solange es geht, aus, bevor Sie die Seite wechseln und die andere

Wange zum Zuge kommt. Möglicherweise möchten Sie aber mehr? Dann gilt es, den Löffel in Bewegung zu setzen! Sie können ihn in die Wange hineinpressen, mit kreisförmigen Bewegungen über die Wange fahren, ja, Sie können sogar den Löffel in immer größeren Kreisen über das gesamte Gesicht gleiten lassen. Das entscheiden Sie selbst! Verlassen Sie sich dabei auf Ihr Gefühl, auf Ihr ganz persönliches Empfinden, ja, und auch auf Ihren Mut!

Für Fortgeschrittene empfehle ich die Zwei-Löffel-Methode. Wir nehmen also gleich zwei Löffel in die Hand und verfahren damit dann genauso wie bei der Ein-Löffel-Methode, nun aber eben mit zwei Löffeln. Das erfordert eine gewisse Synchronizität der Bewegungen. Die stellt sich nicht immer gleich beim ersten Mal ein – aber hier gilt (wie so oft im Leben): Übung macht den Meister! (Selbstverständlich auch die Meisterin!).

Wer nun allerdings denkt: Muss ich denn gleich mit einem Suppenlöffel anfangen oder kann ich es vielleicht erst mal mit einem Teelöffel probieren? Dem sage ich: Nur zu! Probieren Sie es gern einmal mit einem Löffelchen, bevor Sie zum Löffel greifen. Denn wir alle haben ja auch unterschiedlich große Gesichter. Für so ein kleines Gesichtchen mit zarten Wangen würde ich ohnehin ein Löffelchen empfehlen. Bei mir selbst allerdings greife ich von vornherein nicht zum Löffelchen, sondern gleich zum Löffel.

Auf jeden Fall erzielen wir mit unserer Praxis eine Entspannung der Gesichtsmuskulatur. Insbesondere der Muskeln, die für das Kauen zuständig sind. Besonders wichtig ist aber der Moment selbst: Der Schauer, der Ihnen über den Rücken läuft, wenn der kalte Löffelbauch Ihre Wange berührt, sucht seinesgleichen. Also bitte, legen Sie das Buch zur Seite, machen Sie sich auf zur Besteckschublade und gönnen Sie sich Ihren ganz persönlichen Löffel-Moment!

3

Gib dem Menschen einen Hund,
und seine Seele wird gesund

Hildegard von Bingen

Was für ein kluger Satz, den die Frau von Bingen da vor fast tausend Jahren von sich gegeben hat! *Gib dem Menschen einen Hund und seine Seele wird gesund.* Und ich darf sagen: Der hätte von mir kommen können! Allerdings weiß ich um das Glück, das einem ein Hund bescheren kann, erst seit fünf Jahren. Geahnt habe ich es natürlich schon immer. »Ich wünsche mir einen Hund!«, stand während meiner Kindheit auf jedem meiner Wunschzettel. Aber meine Mutter behauptete, meine Schwester und ich hätten eine Hundehaarallergie und mein Vater sagte: »Ein Köter kommt mir nicht ins Haus!« In seiner Jugend war er nicht nur von einem Pferd in die Nase gebissen worden, sondern auch von einem Schäferhund in den Hintern. Und weil er diese traumatischen Erlebnisse niemals aufgearbeitet hat, pflegt mein Vater bis heute seine Vorurteile gegenüber vierbeinigen Geschöpfen. Davon ist auch Walther nicht ausgenommen. »Irgendwann wird er dich noch in die Nase beißen«, behauptet mein Vater, wenn Walther auf meinem Schoß sitzt. »Und überhaupt: Das Tier ist total verzogen!« Womit mein Vater nicht ganz unrecht hat. Es gibt viele Hunde, die besser erzogen sind als Walther. Aber Walther hatte es auch nicht leicht. Auf Umwegen gelangte er überhaupt erst in meinen Besitz. Wie es dazu gekommen ist, davon möchte ich Ihnen nun berichten.

Begonnen hat alles im Mai 2017. Wie jeden Freitagnachmittag drehte ich, nachdem ich meine Praxis abgeschlossen hatte, eine Runde durch den Englischen Garten. Ich erfreute mich an allem, was dort blühte und knospte, warf auch den Entchen ein paar Brotkrumen in den Kleinhesseloher See und sah dann auf einmal diese Frau und diesen Hund. Natürlich liefen durch den

Englischen Garten viele Hunde und ebenso viele Frauchen (so sagt man ja), aber diese beiden stachen mir ganz besonders ins Auge. Die Frau nämlich stakste mit viel zu hohen Absätzen durch die Wiese, um die dort abgelegte Wurst ihres Hundes einzusammeln, und der Hund sah aus, als würde er es seinem Frauchen gleichtun – er stakste nämlich auch. Als ich näher hinschaute, sah ich, dass er einen Verband trug. »Ach Gott, der Arme«, entfuhr es mir. »Was hat er denn?«

»Er hat sich die Pfote eingequetscht.«

»Ojemine! Wie ist denn das passiert?«

»Mein Mann hat nicht aufgepasst. Hat einfach die Tür hinter sich zugeschlagen.«

»Um Gottes willen! Das ist ja furchtbar!« Ich bückte mich hinab zu dem Hund, der mich nun ebenso neugierig betrachtete wie ich ihn. »Du bist ja ein ganz tapferes Kerlchen, was?«

Der Hund wedelte mit seinem Schwanz und streckte mir dann doch tatsächlich sein Pfötchen entgegen. »Nein, so etwas Liebes, also, das ist mir ja noch nie begegnet, was ist denn das bloß für ein entzückender Hund!«

»Nix Besonderes«, sagte sein Frauchen. »Irgendeine Promenadenmischung aus Palermo.«

»Aus Palermo?«

»Ja, ich wohne dort.«

»Wie schön! Und nun machen Sie Urlaub in Bayern?«

»Ich arbeite hier.«

»Tatsächlich? Das ist ja interessant! In welcher Branche sind Sie denn tätig?«

»Mode.«

»Ach was! Das ist ja spannend! Aber Sie sehen ja auch so aus! Das hätte ich mir gleich denken können, dass Sie was mit Mode zu tun haben! So chic, wie Sie sind!« Ich warf einen anerkennenden Blick auf mein Gegenüber. Wenn mich nicht alles täuschte, trug die Dame einen Hosenanzug. »Ich habe ja überhaupt keine

Ahnung von Mode. Bei mir heißt es immer: Hauptsache bequem! Aber wissen Sie, ich könnte in solchen Schuhen, die Sie da tragen, auch überhaupt nicht laufen. Da würde ich mir die Füße brechen!«

»Reine Übungssache«, lautete die knappe Antwort der Dame aus Palermo. »Aber sagen Sie mal: Könnten Sie vielleicht ein bisschen auf Walther aufpassen?«

»Walther?«

»Mein Hund!«

»Ihr Hund heißt Walther?«

»Ich habe ihn nach meinem Großvater benannt. Zum Ärger meines Mannes.«

»Ach was! Dann stammen Sie wohl gar nicht aus Sizilien?«

»Gott bewahre! Ich komme aus Kassel. Und mein Mann hat mich nach Palermo verschleppt. Aber sagen Sie doch bitte: Könnten Sie jetzt auf Walther aufpassen?«

»Aber natürlich! Von Herzen gern! Wie lange wären Sie denn weg?«

»Zwei Stunden?«

»Überhaupt kein Problem! Wir machen es uns nett, nicht wahr, Walther?«

Und das taten wir dann auch. Natürlich war ich zunächst ein bisschen nervös. Zum ersten Mal befand sich ein Hund in meiner Obhut. Dass er mir zu vertrauen schien, war ja schön und gut, aber was, wenn er nicht auf mich hörte?

»Walther«, sagte ich. »Wir sind jetzt ein Team. Ich höre auf dich und du hörst auf mich. Einverstanden?«

Walther bellte.

»Sehr schön«, sagte ich. »Du stimmst mir also zu.« Ich bückte mich noch einmal zu ihm hinunter und streichelte ihn. Daraufhin warf sich Walther auf den Rücken, streckte alle Beine in die Luft und begann zu fiepen. Das begriff ich als Aufforderung, ihn auch in dieser Position ausgiebig zu streicheln.

Irgendwann aber zwickte mich der Rücken, und ich stand wieder auf. »So mein lieber Walther, nun wollen wir uns mal wieder ein bisschen bewegen. Vielleicht finden wir ja auch was Schönes zum Schnabulieren!«

Diese Idee schien Walther zu gefallen. Er reckte seinen Schwanz in die Höhe, wedelte ein bisschen und lief dann, als ich losmarschierte, anstandslos neben mir her. Sie glauben gar nicht, wie sehr mich das beglückte! Fast kam ich mir vor wie eine dieser jungen Mütter – die lächeln auch immer so selig, wenn sie zum ersten Mal ihr Baby in einem Kinderwagen durch die Gegend schieben. Ja, ich gebe es zu: Ich war ein wenig stolz. Denn die anderen Menschen im Englischen Garten dachten ja nun sicherlich, ich sei die Besitzerin des Hundes, der da so brav neben mir herlief. Bei Hunden, verehrte Lesende, verhält es sich ja folgendermaßen: Es gibt welche, die machen uns Angst, und es gibt solche, die erweichen unser Herz. Und Walther nun, der zählte mit seinem karamellfarbenen Fell, den großen braunen Augen und den weichen weißen Pfoten natürlich zu den Herzensbrechern. Ein Hund also, dem man alles verzeiht und vor dem auch niemand Reißaus nimmt. Selbst die Kellner im Seehaus, wo wir nun eintrafen, warfen ihm freundliche Blicke zu. Bevor wir noch danach fragen konnten, erhielten wir auch schon eine Schale mit Wasser. »Da siehst du mal, wie gut du ankommst«, sagte ich zu Walther. »Nun müssen wir nur noch herausfinden, was du hier essen kannst. Ein Paar Bockwürstchen vielleicht?«

Walther bellte freudig.

»Na siehst du wohl, dann wollen wir die gleich mal bestellen!«

Selbst genehmigte ich mir eine kleine Schweinshaxe. Nachdem Walther seine Würstchen verspeist hatte, übergab ich ihm den Haxenknochen. Mit dem im Maul lief er hinüber zum Spielplatz. »Schön, Walther«, rief ich. »Dann spiel ruhig ein bisschen. Ich bestelle mir noch einen Cappuccino!«

Sie können sich denken, dass das nicht gut ging. »Wem gehört der Hund?«, ertönte kurze Zeit später eine sehr unfreundliche Stimme.

»Wieso?« Ich sprang natürlich sofort von meinem Stuhl. »Was ist denn mit dem Hund?«

»Der ist hier einfach über den Spielplatz gelaufen!« Die junge Frau, die nun vor mir stand, sah reichlich empört aus. Nicht nur ihre Wangen waren rot, sondern auch ihre Ohren.

»Aber hat er denn jemanden angegriffen?«

»Das ist doch gar nicht die Frage!« Die junge Frau griff energisch nach der Kinderhand, die sich aus ihrer eigenen lösen wollte.

»Hat Ihr Kind etwa Angst vor Hunden? Walther ist ganz lieb! Komm mal her, Walther!«

»Ich sagte: Darum geht es überhaupt nicht!«

»Aber worum denn dann?«

»Ihr Hund darf nicht auf den Spielplatz! Spielplätze sind für Hunde verboten! Das müssen Sie doch wissen als Hundebesitzerin!«

»Nun«, sagte ich in einem sehr ruhigen Tonfall (es brachte ja nichts, wenn ich mich jetzt auch noch aufregte). »Der Spielplatz hier grenzt ja quasi an eine öffentliche Grünfläche, er ist sozusagen integriert in den Bereich, der für die Allgemeinheit – und somit auch für Hunde! – zugänglich ist! Ein Hund, der diese Spielfläche kurzzeitig betritt, begeht nun also keine Straftat.«

Die junge Frau öffnete den Mund und schloss ihn dann wieder. Ich dachte schon, sie würde kapitulieren. Aber dann fiel ihr doch noch etwas ein: »Ein Hund begeht ohnehin keine Straftat. Aber sein Besitzer! Und ich möchte Sie nun bitten, den Hund endlich anzuleinen. Sonst rufe ich die Polizei!«

»Nun beruhigen Sie sich doch! Es bringt ja nichts, wenn Sie sich so aufregen! Damit schaden Sie doch nur sich selbst! Und schauen Sie mal, Ihr Kind, das ist ja auch schon vollkommen verschreckt!« Ich lächelte dem kleinen Buben zu, dessen Wangen ähnlich rot waren wie die seiner Mutter und der mich (wie es mir schien) mit einer Mischung aus Faszination und Furcht betrachtete.

»Ich sage es zum letzten Mal!«, geriet seine Mutter nun erst richtig in Rage. »Leinen Sie SOFORT Ihren Hund an!«

»Wie Sie wünschen!« Ich wedelte mit der Leine. »Walther, kommst du bitte?«

Nun zeigte sich, dass Walther seinen eigenen Kopf besaß. Was ja grundsätzlich gut ist (bei Kindern genauso wie bei Hunden). Nur jetzt war es ein wenig unangenehm, denn Walther reagierte überhaupt nicht auf meinen Zuruf, vielmehr sprang er auf das Klettergerüst und legte sich dort, wie er es vorhin auch getan hatte, wieder auf den Rücken.

»Schauen Sie doch«, sagte ich zu der jungen Frau. »Er möchte gestreichelt werden!«

Die junge Frau reagierte überhaupt nicht, sondern tippte nur wild auf ihrem Handy herum.

In der Befürchtung, sie würde nun tatsächlich die Polizei anrufen, begab ich mich zum Klettergerüst. »Walther, mein Lieber«, sagte ich. »Es ist alles in Ordnung mit dir. Du bist ein ganz wunderbarer Hund. Aber du bist eben kein Kind und deshalb musst du den Spielplatz jetzt leider verlassen. Verstehst du das?«

Walther bellte und schleckte dann meine Hand ab, die ich durchs Klettergerüst zu ihm hingestreckt hatte. »Na komm, wenn du da jetzt rauskommst, gibt's auch noch ein Würstchen!«

Sie werden es nicht glauben, verehrte Lesende: Kaum hatte ich das Wort *Würstchen* ausgesprochen, sprang mir Walther auch schon entgegen. »Na, bitte«, sagte ich noch zu der jungen Frau. »Mit ein wenig Geduld erreicht man sehr viel. Bei Hunden genauso wie bei Kindern!«

Die junge Frau fuchtelte mit ihren Händen herum, war wohl drauf und dran, mir einen Vogel zu zeigen, griff dann aber wieder sehr energisch nach ihrem Kind und setzte es auf die Rutsche. Walther und ich liefen unterdessen zurück zum Seehaus. Bestellten ein weiteres Paar Würstchen und nachdem auch die verspeist waren, schleckte Walther wieder meine Hand ab.

»Ach, mein Lieber«, sagte ich. »Was mache ich denn nur ohne dich?« Denn es war ja so: Wir hatten nur noch wenig Zeit. Gleich würden wir an der Stelle, an der wir uns vorhin begegnet waren, wieder mit Frau Rigatoni (sie hieß tatsächlich so!) zusammentreffen und dann wäre es das gewesen, mit Walther und mir.

Aber es sollte anders kommen, verehrte Lesende! Frau Rigatoni trafen wir zwar zur verabredeten Zeit, Walthers Begeisterung über das Erscheinen seines Frauchens hielt sich jedoch in Grenzen. Und Frau Rigatoni verabredete für die nächste Woche gleich einen Folgetermin mit mir als »Hundesitterin«.

Eine weitere Woche später übernachtete Walther das erste Mal bei mir. Auch das verlief vollkommen harmonisch. Das Körbchen, das ich vor mein Bett gestellt hatte, nutzte Walther nur für die erste Hälfte der Nacht, die zweite verbrachte er in meinem Bett. So halten wir es bis heute. Mein Bett ist ja groß genug, da könnte auch noch ein zusätzlicher Mensch drin schlafen, aber nun liegt da eben Walther und das bekommt uns beiden ausgesprochen gut.

Zurück aber zu unseren Anfängen! Sooft es Frau Rigatoni in München zu tun hatte, verbrachte Walther die Zeit bei mir. Mich beschlich zunehmend der Verdacht, es könnte auf Dauer besser sein für Walther, sein Leben voll und ganz mit mir zu verbringen. Wirkte er doch immer etwas eingeschüchtert, wenn er bei mir eintraf, und blühte dann in der Zeit, die wir miteinander verbrachten, zusehends auf. Die Tatsache, dass sein Herrchen ihm die Pfote eingeklemmt hatte – wenn vielleicht auch nicht absichtlich –, zeugte doch von einer gewissen Unachtsamkeit mit dem Tier. Ohnehin hatte ich aus der Ferne keinen guten Eindruck von Herrn Rigatoni. Seine Frau sprach (wenn sie denn überhaupt mit mir redete, sie befand sich ja immer in großer Eile) immer so von Herrn Rigatoni, als sei er ein Despot. Und ich wurde das Gefühl nicht los, bei Herrn Rigatoni könne es sich um einen Angehörigen der Camorra handeln.

Verstärkt wurde dieses Gefühl durch die Angespanntheit Frau Rigatonis und die Undurchsichtigkeit ihrer *Mode*-Geschäfte. Walther konnte mir diesbezüglich natürlich keine Auskunft geben, so gern ich das auch mit ihm besprochen hätte. Nun, und dann kam der Tag, als Frau Rigatoni nicht mehr erschien zur verabredeten Zeit. »Na, wo bleibt denn das Frauchen?«, fragte ich Walther, aber das wusste der natürlich auch nicht. Als sie nach zwei Stunden immer noch nicht aufgetaucht war, wählte ich die Handynummer von Frau Rigatoni. Es ertönte ein Freizeichen, aber niemand nahm ab. Und es erfolgte auch kein Rückruf.

Die Nacht verbrachte ich in einer gewissen Unruhe, Walther hingegen schlief neben mir und war vollkommen ruhig. Am nächsten Tag sagte ich zu ihm: »Ich weiß wirklich nicht, wo dein Frauchen bleibt, mein lieber Walther.« Das beeindruckte ihn aber auch nicht sonderlich. Fröhlich wie immer sprang er beim Spazierengehen neben mir her und lag, als wir uns zu Hause ausruhten, wieder auf meinem Schoß. Ich unternahm einen weiteren Versuch, Frau Rigatoni zu erreichen, aber auch heute nahm sie nicht ab.

Was hätten Sie getan, verehrte Lesende? Weitere Telefonnummern ausfindig gemacht oder gar die Polizei informiert? Nun, ich gestehe: Ich unternahm nichts dergleichen. Schien es mir doch so, als würde sich ein geheimer Wunsch erfüllen. Walther müsste nicht mehr zurück nach Sizilien und wir durften fortan für immer zusammen sein. Aber ich wollte mich nicht zu früh freuen. Frau Rigatoni konnte jederzeit auftauchen und so sagte ich auch zu meinen Patienten, Walther sei ein Pflegehund. Glücklicherweise hatte ich keinen Allergiker unter meinen Patienten und auch niemanden mit einer generellen Angst vor

Hunden. So konnte Walther also sämtlichen Sitzungen beiwohnen und legte sich dann auch nicht auf meinen Schoß, sondern in sein Körbchen.

Dort liegt er auch jetzt, denn Sie ahnen es sicher schon, verehrte Lesende: Ich habe nie wieder etwas gehört von Frau Rigatoni. Nicht auszuschließen, dass ihr etwas zugestoßen ist, ich halte es aber auch für denkbar, dass sie Walther ein besseres Leben ermöglichen wollte, aber nicht in der Lage war, dies mit ihm oder mir zu kommunizieren.

Letztlich ist ja genau das geschehen: Walther führt nun in München ein besseres Leben als in Palermo. Tag und Nacht ist er an meiner Seite und ich wache sozusagen wie ein Schäferhund darüber, dass er sich nirgendwo wieder etwas einklemmt. Natürlich habe ich mich mittlerweile auch mit all den Regeln auseinandergesetzt, die es als Hundehalter zu beachten gilt. Wovon ich nach wie vor nichts halte, ist der Leinenzwang. Sooft es geht, läuft Walther also ohne Leine neben mir her. Mittlerweile hört er auch, wenn ich ihn rufe. Gelungen ist mir das mit folgendem Trick: Ich habe in meiner Manteltasche immer eine Dose mit einem klein geschnittenen Wiener Würstchen. Und wenn ich nun nach Walther rufe, klopfe ich auf die Manteltasche. Meist erkennt er diese Geste auch aus weiter Ferne. Und wenn mal gar nichts hilft, schreie ich: »Walther! Würstchen!« Dann dauert es Sekundenbruchteile, bis er wieder vor mir steht.

Ja, ich könnte Ihnen noch sehr viel berichten aus meinem Leben mit Walther. Er hat mich zu einem anderen Menschen gemacht. Mit ihm zusammen bin ich niemals mehr allein. Natürlich graut es mir vor dem Tag, da er nicht mehr bei mir sein wird, aber so lange genieße ich jeden Augenblick mit ihm. Und halte mich ansonsten an den großen Trompeter Louis Armstrong:

»Mit einem kurzen Schwanzwedeln kann ein Hund mehr Gefühl ausdrücken als mancher Mensch mit stundenlangem Gerede.«

Buch weggelegt,
losgelegt –
die Glücksaktion

Die Petersilie

Fahren wir fort mit unseren Entdeckungen im Reich der Küche!

Zuletzt wurden wir fündig in der Besteckschublade – heute nun inspizieren wir den Kühlschrank. Findet sich darin ein Büschelchen Petersilie? Oder verfügen Sie womöglich sogar über ein eigenes Kräuterbeet? Wo auch immer sich Ihre Petersilie befindet – nun gilt es, sie in die Hand zu nehmen! Und zwar nicht die glatte, sondern die krause. Natürlich lässt sich mit der glatten auch viel Wohlschmeckendes zubereiten, aber wir wollen die Petersilie ja nicht verspeisen, sondern mit ihr *arbeiten.* Denn wie bei den Löffeln geht es mir auch in unserer heutigen Glücksaktion um die Herstellung beziehungsweise Hervorrufung körperlicher Sensationen! Und dafür eignet sich die krause Petersilie ganz vorzüglich.

Nehmen wir sie also in die Hand. Legen sie dann aber erst mal neben uns auf den Tisch. Und wir setzen uns auf einen bequemen Stuhl. Finden dort zu einem bequemen Sitz. Schließen die Augen und atmen erst einmal tief durch. Während die Luft in unsere Nase strömt, riechen wir ihn schon. Den Duft der Petersilie! Noch recht zart, aber nun gilt Folgendes: Peu à peu wollen wir das Geruchserlebnis steigern!

Greifen wir also nach dem Büschel. Und führen ihn – so langsam, wie uns das möglich ist (ähnlich wie bei einer Schulterbrücke, wo es immer heißt »Wirbel für Wirbel«) – in Richtung unserer Nase. Sekunde für Sekunde steigert sich nun der Petersilienduft. Bis zu dem Moment, da unsere Nase förmlich explodiert.

Und wissen Sie, was nun geschieht? Die Petersilie dringt in unser Gehirn vor! Und verursacht dort so etwas wie einen Großputz. Was eben noch festklebte, wird von der Petersilie weggefeudelt!

(So verhält es sich ja auch mit einer Knoblauchfahne. Die wird von der Petersilie ebenfalls aufgespürt und anschließend fortgefegt.)

Ist das nicht sensationell?

Wer nun aber allzu erschüttert sein sollte, kann sich mit der Petersilie selbst aber auch wieder beruhigen. Fahren wir dazu mit dem Büschelchen über unsere Lippen, umkreisen diese dann, als sei das Büschelchen ein Rasierpinsel. Gelangen wir so zum Schluss unserer Übung – durch diese kitzlige Streicheleinheit – zu einem ganz besonderen Gefühl körperlichen Wohlbehagens. Und wer nun noch immer nicht genug hat von der Petersilie, der zerteilt sie jetzt und streut sie über die Gemüsesuppe oder verteilt sie auf einem frisch bestrichenen Butterbrot. Bon appétit!

4

Das Glück ist eine leichte Dirne
und weilt nicht gern am selben Ort;
sie streicht das Haar dir von der Stirne
und küsst dich rasch und flattert fort

Heinrich Heine

Oha! Da haben wir uns nun aber einen rechten Brocken ausgesucht, nicht wahr?

Das Glück ist eine leichte Dirne! Was will uns der Dichter damit sagen? Zum einen ja wohl, dass es nicht besonders schwer ist, das Glück zu erhaschen. Es dann aber auch rasch wieder davonflattert! Eben noch schwelgten wir in seinen Armen und nun liegen wir wieder da, vollkommen allein und mit einem sehnsuchtsschweren Herzen. Ach ja! Da muss ich Ihnen nun von einem jungen Mann erzählen. Nennen wir ihn *Juan!* Und lassen wir seinen wahren Namen, der sich sowieso so schwer aussprechen ließ, in den Winden des Indischen Ozeans verklingen. Denn dort befanden wir uns, meine Freundin Barbara und ich, als wir Juan auf unserer Thailandreise begegneten.

In den Händen von Juan fühlte ich mich leicht wie eine Feder. Nicht, dass er mich über die Insel trug, auf der er, wenn wir ihn recht verstanden hatten, vor 23 Monden geboren worden war. (Zum damaligen Zeitpunkt zählte Juan also zarte dreiundzwanzig Lenze und war somit siebenundzwanzig Lenze entfernt von Barbara und mir). Stellen Sie sich einen jungen Mann vor, verehrte Lesende, etwa zwei Köpfe kleiner als ich, mit einem muskulösen Körper, überspannt von samtbrauner Haut. Weiches schwarzes Haar (auf dem Kopf) und tiefbraune Augen in Mandelform. Hach! Dachte nicht nur ich, als ich ihn zum ersten Mal erblickte, sondern natürlich auch Barbara. Die war ja ohnehin die Umtriebigere von uns beiden, hatte sie doch bereits im Flugzeug verkündet, dass sie sich in Thailand um *junges Gemüse* würde kümmern wollen, und ich hatte dort (im Flugzeug) noch zu Barbara gesagt: »Bei dieser Vorstellung, meine Liebe, wird mir doch ein wenig blümerant zumute.« Aber nun stand dieser junge Mann vor uns, seine nackten braunen Füße in den weißen Sand gegraben, bekleidet nur mit so etwas wie einem Lendenschurz, tja, und da wurde es mir nicht blümerant zumute, sondern eher heiß und kalt.

»Hello young ladies«, sagte er in einem weichen ostasiatischen Singsang. »Do you need some pleasure?«

»A good question!«, rief Barbara sofort, noch ehe ich sie zu ein wenig Mäßigung hätte auffordern können. Denn möglicherweise handelte es sich hier um so etwas wie einen Trick- oder Taschendieb! Mit Betrügereien am Traumstrand hatte ich mich bei meiner ausgiebigen Reisevorbereitung natürlich umfassend beschäftigt. »Great!«, rief nun aber schon unser junger Mann und zeigte uns dann ein kleines Pappschild, auf dem einige Begriffe standen und diverse Zahlen. Obendrüber prangte das Wort *Massage*.

»Ach so«, sagte ich und wandte mich an Barbara. »Der will uns nur massieren!«

»Na, dann lassen wir ihn doch mal ran an den Speck, was?« Barbara kniff mir, als benähmen wir uns nicht schon verhaltensauffällig genug, auch gleich noch in die Hüfte (beziehungsweise den darum liegenden Speckgürtel). Barbara selbst war, das sollte ich erwähnen, deutlich zierlicher gebaut als ich. Hatte sie also gut reden! Und folgte Juan entsprechend selbstbewusst in Richtung einer kleinen Bambushütte.

Ich hatte ihr den Vortritt gelassen und freute mich auf ein ruhiges halbes Stündchen im warmen Sand. Denn ganz unanstrengend war unsere Reise nicht. Nach einigen Tagen in einem Luxushotel in Bangkok saßen wir nun zwar im weichen Sand von Koh Samui, lagen nächtens aber auf ziemlich harten Pritschen in so einer Art Backpacker-Unterkunft. Weswegen Juan ja auch leichtes Spiel hatte mit uns und unseren verspannten Rückenpartien. Nun, ich musste wohl ein wenig eingenickt sein, als ich plötzlich Barbaras Stimme vernahm. »Anelchen, du bist jetzt dran!« *Anelchen.* So hatte mich meine Freundin noch nie genannt.

Ich öffnete die Augen und sah, dass Barbara nicht nur anders klang, sondern auch anders aussah! Ihre zuletzt so verkniffenen Gesichtszüge waren auf einmal gelöst, ihr vom langjährigen Färben strohig gewordenes Blondhaar umstand sie nun fast wie ein Heiligenschein. »Was ist denn mit dir passiert?«, fragte ich entsprechend verwundert. »Nichts. Ich wurde nur ordentlich durchgeknetet.« Ein frivoles Lächeln umspielte Barbaras Lippen. »Dir wird das auch guttun! Nun geh schon!«

So erhob ich mich also aus dem Sand, schlüpfte in meine Wandersandalen und begab mich zu der kleinen Bambushütte. »Come in«, rief Juan, als er mich erblickte, und schloss, als ich eingetreten war, auch sogleich die Tür. Die Fenster verhängt mit bunten Tüchern, der ganze Raum durchzogen von duftenden Schwaden, sah ich nicht besonders viel und dachte mir auch, dass Juan ja von mir selbst auch nicht besonders viel sehen würde, als er nun sagte: »Take off your clothes!« Natürlich entledigte ich mich nur der Hose und meines kaftanartigen Blüschens, das ich mir mit Barbara gemeinsam in Bangkok zugelegt hatte. Als ich mich in Unterwäsche auf die Pritsche legen wollte, zeigte mir Juan aber an, dass es noch nicht getan war mit der Auszieherei.

Kurzum: Am Ende lag ich splitterfasernackt auf der Pritsche.

Können Sie sich das vorstellen? Juan schien mein Anblick aber nicht zu verstören. Geschwind wie ein Äffchen, das sich von Ast zu Ast schwingt, nahmen seine weichen Hände sämtliche Partien meines Körpers, in denen sich eine Blockade hatte bilden können, in Beschlag, nun, und ich lag da mit geschlossenen Augen und hatte mich in meinem Leben, das muss ich zugeben, im Grunde niemals wohler gefühlt.

Es ist ja so: Geben wir uns einem anderen Menschen hin, liefern wir uns diesem aus. Handelt es sich aber um einen Menschen, der es gut mit uns meint, tut uns diese Hingabe auch gut. Und so war es bei Juan! Dieser junge Mann wusste genau, was er tat, und sein Ansinnen war es, die Menschen, die sich in seine Obhut begaben, glücklich zu machen. Natürlich handelte es sich dabei um ein Geschäftsmodell, das vergaß ich aber angesichts der Wonne, die diese Behandlung in mir auslöste, und war danach entsprechend verwirrt. Ein Zustand, den ich teilte mit meiner Freundin! Hatte sie mich noch wohlwollend zu ihm hingeschickt, betrachtete sie mich, als ich ihr nun entgegenschwebte, fast ein wenig eifersüchtig. Oder bildete ich mir das nur ein? War in Wahrheit ich selbst eifersüchtig?

Nun, wir sagten erst mal nicht sehr viel und wie sich später herausstellen sollte, schmiedete jede von uns wohl ihren ganz eigenen Plan. Denn eines stand fest: Ich wollte das Erlebnis mit Juan noch einmal wiederholen! Und am liebsten nicht für die 50 Euro, die ich ihm nach der ersten Behandlung in die Hand gedrückt hatte. Verstehen Sie mich nicht falsch! Ich wollte nicht knausern, nein, mein beglückter Körper verlangte nach weiterer Beglückung. Und dazu zählte die romantische Vorstellung, nächtens nicht auf der Pritsche in der Backpacker-Unterkunft zu liegen, sondern in den Armen von Juan. Vollkommen übergeschnappt, nicht wahr? Aber Sie glauben ja nicht, was sie alles auslösen, die Hormone. Und durch die Handgriffe Juans waren bei mir nicht nur sämtliche Kuschelhormone in Wallung gekommen, sondern auch die explizit geschlechtlichen. Womöglich erlebte ich sogar so etwas wie eine Spontan-Ovulation. So etwas gibt es ja.

Ich fühlte mich jedoch so, als sei ich nicht gerade in die Wechseljahre gekommen, sondern in die Pubertät! Und entsprechend benahm ich mich auch. So schlich ich mich also nächtens von der Pritsche hinunter und heraus aus der Backpacker-Unterkunft hinab zum Strand und nahm dort Kurs auf die Bambushütte von Juan.

Und nun raten Sie mal, wer bereits davorstand und gerade Anstalten unternahm, an die Tür zu klopfen? Richtig! Meine Freundin Barbara, bekleidet nur mit dem Kaftan, mit dem sie sich vorhin noch neben mich auf die Pritsche gelegt hatte, stand sie da und zeigte nicht nur ihre Bedürftigkeit, sondern auch ihre beneidenswert dünnen Beinchen.

»Barbara!«, rief ich über den Sand hinweg. »Was machst du denn da?« Natürlich zuckte meine Freundin gehörig zusammen. Drehte sich dann aber zu mir um, strich sich die Locken aus der Stirn und sagte ganz keck: »Dasselbe könnte ich dich fragen, Anele.«

»Nun, meine Liebe, ich habe dich gesucht!« Das war natürlich gelogen. Mir war ja in meiner Aufregung noch nicht einmal aufgefallen, dass Barbara nicht mehr auf ihrer Pritsche gelegen hatte.

»Könntest du vielleicht erst mal ein wenig leiser reden, Anele?« Barbara eilte mir entgegen. Natürlich war sie nun, da ich ihr die Tour vermasselt hatte, erfasst von der Sorge, Juan könne aus seiner Hütte treten und nicht nur sie selbst hier stehen sehen, sondern auch noch mich. »Ich habe bei der Massage meine Hose vergessen.«

»Tatsächlich?« Ich sagte nicht, dass sie die Hose vorhin noch ausgezogen hatte und die nun ordentlich zusammengefaltet auf dem Stuhl lag, der sich neben Barbaras Pritsche befand. Meine Freundin log mich an, das war ja klar, aber sie befand sich in einer gewissen Not und somit handelte es sich um eine *Notlüge*. Und ich selbst hatte sie ja auch angelogen.

»Er ist aber ohnehin nicht in seiner Hütte.«

»Aber du hast doch gar nicht geklopft?«

»War alles dunkel da drinnen.«

»Dann schläft er vielleicht schon.«

»Wahrscheinlich. Ist ja auch ein anstrengender Job, den der da macht.«

»Oh, ja!«

So standen wir also da, mit unseren unerfüllten Sehnsüchten, die Füße im Sand, vor uns der Indische Ozean, und brachten es nicht übers Herz, einander die Wahrheit zu sagen. So etwas kann es geben, verehrte Lesende, selbst dann, wenn man sich sehr lange kennt.

Durchbrochen wurde unsere Blockade dann allerdings von einem Anblick, der uns beiden den Atem verschlug. So surreal es auch klingen mag, aber mitten aus dem Meer tauchte er plötzlich auf, unser Juan! Und zwar so, wie Gott ihn geschaffen hatte! Splitterfasernackt! Ein Anblick, der uns gleichermaßen betörte wie verstörte. Denn es dauerte nur den Bruchteil einer Sekunde, bis sich eine weitere Person aus den Fluten erhob. Und diese Person war ebenfalls splitterfasernackt und erkennbar kein Mann. »Unfassbar«, entfuhr es mir. »Eine Aphrodite!«

Die Schönheit dieser jungen Frau, die nun ihr langes pechschwarzes Haar ausschüttelte und dann nach Juans entgegengestreckter Hand griff, war geradezu beschämend.

»Da hat er also auch sein junges Gemüse«, stellte Barbara nun aber recht sachlich fest.

»In der Tat. Aber er ist ja selbst noch sehr jung.«

»Da hast du wiederum recht, Anele.«

»Und was ist jetzt mit deiner Hose?«

»Die kann ich mir ja morgen noch holen.«

Zurück auf unseren Pritschen, lagen wir beide sicher noch eine ganze Weile lang wach. Und in den nächsten Tagen ließen wir uns beide noch einige Male *durchkneten*. Zahlten jedes Mal brav unsere 50 Euro und waren danach äußerst entspannt. Gesprochen über unsere nächtliche Begegnung am Strand haben wir erst wieder, als wir im Flieger zurück nach München saßen und ich während starker Turbulenzen erfasst war von einer Panikattacke. »Barbara«, sagte ich. »Wenn wir das hier nicht überleben, sollst du eins wissen. Ich habe dich gar nicht gesucht am Strand.«

»Sondern?«

»Ich wollte zu Juan.«

Glücklicherweise berief sich Barbara an dieser Stelle nicht wieder auf ihre Hose. »Ach Gott, Anele«, rief sie stattdessen. »Was sind wir nur für verrückte Hühner!«

»Ja«, wisperte ich. »Und wenn wir jetzt sterben, haben wir wenigstens diese beglückenden Erlebnisse machen dürfen. Nicht wahr?«

»Gewiss! Aber jetzt werden wir noch nicht sterben!«

»Nicht?«

»Nein!« Barbara zeigte auf die Anschnallzeichen. Die waren gerade wieder erloschen. Und wenige Sekunden später nahm der Bordservice auch wieder seinen Dienst auf.

Wir genehmigten uns zwei Gläschen Sekt und als wir die leer getrunken hatten, kam mir der Heine in den Sinn.

»Das Glück ist eine leichte Dirne und weilt nicht gern am selben Ort«, deklamierte ich also. *»Sie streicht das Haar dir von der Stirne und küsst dich rasch und flattert fort.«*

Was der Dichter uns damit sagen wollte, können wir natürlich weiterhin nur erahnen – ich möchte aber festhalten: Das Schöne, das uns widerfährt, währt mitunter nur sehr kurz, klingt aber noch sehr lange in uns nach. Und so zehre auch ich noch heute von den Berührungen Juans. In dem Wissen, dass mein Körper empfänglich ist für solche Wohltaten, gönne ich sie mir mittlerweile auch in unseren Breitengraden. Ja, ich besuche in München regelmäßig ein thailändisches Massage-Institut. Und das, verehrte Lesende, möchte ich Ihnen auch empfehlen! Wir alle brauchen Berührungen. Und wenn uns der oder die Liebste fehlt, gibt es Menschen mit kundigen Händen, die ihr Handwerk verstehen! Schließen Sie die Augen, lassen Sie sich durchkneten – und vertrauen Sie auf meine persönliche Erfahrung: Ist der Körper entspannt, löst sich auch so mancher Knoten im Kopf!

Buch weggelegt,
losgelegt –
die Glücksaktion

Das Tanzbein

Was kommt denn nun, werden Sie vielleicht denken. Frau Gilhu schwingt das Tanzbein? Kann die das denn überhaupt? Bewegt sie sich doch ansonsten eher gemächlich und benötigt selbst beim Wandern auf ebenem Grund zwei stützende Stöcke. Nun, meine Lieben, da haben Sie gewissermaßen recht. Für eine Teilnahme bei *Let's Dance* würde meine Tanzkunst sicher nicht reichen. Andererseits: Auch eine nicht mehr ganz junge Dame wie Heide Simonis wurde dort über das Parkett geschoben. Und denken Sie nur an Jan Hofer! Der hatte den Beat ja auch nicht unbedingt in den Hüften. Aber sehen Sie: Nun machen wir bereits wieder einen Fehler! Wir bewerten! Als handele es sich beim Tanzen um einen Sport. Und nicht um eine ganz und gar in uns angelegte natürliche Begabung. Das geht ja schon los bei den kleinen Babys. Erschallt Musik, fangen sie an, sich zu bewegen. Und genauso wollen wir es nun auch versuchen. Ohne Druck und ohne jegliche Ambition. Wir sind ja alle keine Akrobaten! Aber unsere Körper bewegen sich grundsätzlich gern und kommen beim Ertönen von Musik ganz automatisch in Schwung.

Beginnen wir mit der Auswahl der Klänge. Was mögen Sie gern? Etwas mit Schmackes oder lieber einen Stehblues? Für Letzteren benötigen Sie natürlich jemanden, der Sie umarmt. Aber wissen Sie was? Warum umarmen Sie sich nicht einfach selbst? Fangen wir doch damit mal an! Wir suchen uns also einen rechten Schmachtfetzen – so etwas wie *Lady in Red* von Chris de Burgh oder *I Want to Know What Love Is* von Foreigner. Dann stellen wir uns sozusagen aufs Parkett und umschlingen uns mit unseren eigenen Armen. Während die Musik ertönt, schließen wir die Augen und stellen uns vor, die Arme, die uns da umschlingen, wären nicht unsere eigenen. Und schon geht es los! Wir fangen an, uns zu bewegen. Von einem Bein aufs andere, ein wenig vor, ein wenig zurück. Vielleicht schließt sich die Hüfte unseren Bewegungen an. Möglicherweise streichen wir uns mit den Händen auch ein wenig über die Schultern, gleichermaßen besänftigend wie anerkennend. Ja, und schwups ist das Lied dann auch schon vorbei und Sie haben jetzt mit Sicherheit ein verändertes Körpergefühl.

Nun könnte es an der Zeit sein, den Beat zu wechseln. Suchen wir uns also etwas Flotteres! Wie wäre es mit *I Wanna Dance With Somebody* von Whitney Houston. Das ist doch ein guter Übergang vom Stehblues zum Ausdruckstanz. Denn darum geht es nun. Dass wir mit unserem Körper das ausdrücken, was wir fühlen. Das gelingt natürlich nicht sofort. Meist sind wir anfangs noch ein wenig gehemmt. Auch hier hilft wieder das Schließen der Augen. Spüren Sie in sich hinein: Wo will es raus? Aus den Füßen, den Armen oder aus dem Bauch? Nun ist alles erlaubt! Werfen Sie die Arme in die Luft, wackeln Sie mit dem Po, stampfen Sie mit den Füßen in den Boden. Niemand beobachtet Sie dabei, nicht einmal Sie selbst.

Natürlich sollten Sie irgendwann die Augen auch wieder öffnen, wir wollen ja nicht, dass Sie irgendetwas umschmeißen oder sich eine Beule holen.

Und schauen Sie mal, während Sie jetzt ganz hingegeben sind an Ihren Tanz: Wie schön sieht alles aus! Ihre Wohnung, in der die Wände wackeln und der Boden bebt. Vielleicht gönnen Sie sich ja sogar eine kleine Discokugel? Blitzt die erst mal an Ihrer Zimmerdecke, tanzt es sich gleich noch ein wenig wilder. Ja, und irgendwann kommen Sie natürlich aus der Puste. Das ist nicht schlimm! Trudeln Sie aus, kommen Sie zum Stehen. Tupfen Sie sich wenn nötig den Schweiß von der Stirn. Und tun Sie nun Dinge, die der Erholung dienen. Ein Glas Sprudelwasser trinken vielleicht, den erhitzten Kopf zum Fenster raushalten oder Sie setzen sich ganz einfach aufs Sofa und legen die Beine hoch. Spielen Sie dazu vielleicht ein besänftigendes Lied. Und sinnen Sie ihm nach, Ihrem Tanzvergnügen. Überlegen Sie vielleicht auch schon, wann es wieder so weit sein soll. Möglicherweise laden Sie sich dafür einen Mittanzenden ein – vielleicht bleiben Sie aber auch lieber ganz bei sich.

Eines steht auf jeden Fall fest: Gegen ein Tänzchen in Ehren sollten Sie sich niemals mehr verwehren!

5

Glück ist morgens aufzustehen,
aufrecht durch den Tag zu gehen.
Was man gibt, das kommt zurück
am schönsten ist das kleine Glück

Volksmund

Ja, wenn ich Sie wäre, Frau Gilhu, würde ich sicher auch den ganzen Tag lachen!«, sagte Herr Peters. Und raufte sich sein Haar, das noch beneidenswert dicht war für einen Mann seines Alters. Herr Peters befand sich kurz vor seinem zweiundfünfzigsten Geburtstag und zudem in einer misslichen Lage. Denn Herr Peters liebte seine Frau, die er kurz vor seinem dreißigsten Geburtstag geheiratet hatte, und hatte nun aber das Problem, dass er sie nicht mehr begehrte. Sprich: Es regte sich nichts mehr, wenn Frau Peters sich neben ihn legte, selbst dann nicht, wenn sie nichts weiter trug als Chanel No 5 (was kein Witz ist oder eine Anspielung auf Marilyn Monroe – nein, Frau Peters hatte sich bereits in ihren frühen 20ern für diesen Klassiker der Duftkunst aus dem Hause Chanel entschieden). Ob sich denn sonst etwas regen würde, beim Anblick anderer Menschen beispielsweise, fragte ich und erhielt daraufhin folgende Antwort von Herrn Peters: »Bei mir regt sich da unten gar nichts mehr, Frau Gilhu.« Das tat mir natürlich sehr leid für Herrn Peters und ich fragte selbstverständlich nach körperlichen Einschränkungen oder Beeinträchtigungen, die ursächlich hätten sein können für diese Regungslosigkeit. »Alles abgeklärt, Frau Gilhu«, sagte Herr Peters. »Ich war beim Hausarzt, beim Orthopäden, beim Neurologen und beim Internisten!«

»Und einen Urologen haben Sie sicher auch aufgesucht?«

»Selbstverständlich, Frau Gilhu. Selbstverständlich!«

Tja, was soll ich sagen? Herr Peters war allem Anschein nach kerngesund und er sah ja auch so aus! Stellen Sie sich jemanden vor wie Henning Baum, den kennen Sie doch sicherlich? Der hat ja auch mal mit der Frau Uhlig in so einer Kriminalserie einen

Kommissar gespielt und ich darf verraten, dass er mir schon damals recht gut gefallen hat. Der ist ja ein echtes Mannsbild, dieser Herr Baum!

Um ein solches handelte es sich nun auch bei Herrn Peters. Groß gewachsen, breite Schultern, feste Arme und stramme Waden (die bekam ich zu sehen, weil Herr Peters mich im Sommer konsultierte und entsprechend leicht bekleidet war). Ein Mann also, der aufrecht im Leben stand, und, wenn ich das nun so sagen darf, seinen Mann aber nicht stand.

»Herr Peters«, fragte ich. »Mit welcher Haltung gehen Sie denn ansonsten durchs Leben? Stehen Sie vielleicht morgens schon auf mit einer inneren Verkrümmung?«

»Wie meinen Sie denn das jetzt, Frau Gilhu?«

»Nun, Herr Peters«, sagte ich. »Bis vor wenigen Jahren habe ich mich morgens auch immer aus dem Bett herausgeschält wie ein Maikäfer sozusagen und ging dann entsprechend gebückt durch meinen Tag.« Heute nun aber, fuhr ich fort, würde ich mich morgens erst einmal vor mein Bett stellen, die Arme in die Höhe strecken, die Füße in den Boden bohren und ganz tief durchatmen. »Ja, und solcherart gehe ich dann in den Tag, Herr Peters. Aufrecht und mit einem Lächeln im Gesicht.«

An dieser Stelle folgte nun der Satz, den ich ganz zu Beginn dieses Kapitels schon notierte: »Ja, wenn ich Sie wäre, Frau Gilhu, würde ich sicher auch den ganzen Tag lachen.«

Ich erklärte Herrn Peters, dass mein Leben doch im Grunde deutlich weniger hergäbe zum Lachen als seines. »Schauen Sie, Herr Peters. Ich habe keinen Mann, ich habe keine Kinder und im Vergleich zu Ihnen sehe ich auch nicht besonders gut aus.«

»Ich bitte Sie, Frau Gilhu. Sie sind doch eine sehr attraktive Frau.«

»Und Sie sind ein Charmeur, Herr Peters!«

Natürlich schmeichelte mir dieses Kompliment von einem Mann, der ein paar Jährchen jünger war als ich und zudem noch große Ähnlichkeit aufwies mit Henning Baum. »Aber seien wir doch ehrlich, Herr Peters: Gingen wir beide auf einen Heiratsbasar, wer würde wohl mehr Angebote erhalten – Sie oder ich?« Ich wartete eine Antwort von Herrn Peters gar nicht erst ab, das wäre ja sonst womöglich in eine große Heuchelei ausgeartet, nein, ich fuhr einfach fort mit meinen Ausführungen. »Was ich sagen will: Wir haben es selbst in der Hand, ob wir uns aufrecht dem Tag entgegenstellen oder ob wir ihm bereits in geduckter Haltung begegnen. Verstehen Sie, was ich meine?«

Herr Peters nickte.

»Sehen Sie. Und das Innere ist wiederum beeinflussbar durch das Äußere. Erwache ich also beispielsweise mit einem unguten Gefühl, weil ich in der Nacht geträumt habe, dass mir meine Schwester mit einer Schippe auf den Kopf haut, dann stelle ich mich doch erst recht aufrecht vor mein Bett und strecke die Arme in die Höhe!«

»Um noch eins übergebraten zu bekommen?« Herr Peters lächelte vorsichtig und ich honorierte diesen Anflug von Humor, indem ich kurz auflachte.

»Nein, genau das eben nicht. Und denken Sie mal nicht, meine Schwester würde mir noch heute eins überbraten. Früher hat sie das tatsächlich getan, im Sandkasten, wie Sie sich denken können, aber wissen Sie, Herr Peters, es kam der Punkt, da ich mich vor sie stellte und sagte: Nun ist Schluss, Gisela!« Ich stand nun auch vor Herrn Peters und fixierte ihn, wie ich das damals auch bei Gisela getan hatte, mit einem sehr festen Blick.

»Keine Angst, Herr Peters! Ich tue Ihnen nichts!«

»Das nehme ich doch auch nicht an, Frau Gilhu.« Herr Peters gab einen nervösen Lachton von sich und drückte sich an die Lehne seines Sessels.

»Sehen Sie, Herr Peters, Sie wollen mir ausweichen!«

Herr Peters gab nun erneut so ein nervöses Lachen von sich und ich setzte mich, um ihn (zunächst!) aus seiner misslichen

Lage zu befreien, zurück in meinen Drehstuhl. Von dort aus erklärte ich Herrn Peters, wie ich sein Verhalten bewertete und warum es mir sinnvoll erschien, dass er nun seine Schutzhaltung verließ. »Stehen Sie doch bitte selbst einmal auf, Herr Peters.«

Dieser Anordnung folgend stand dieser attraktive Mann jetzt vor mir und sah auf einmal aus wie ein Häufchen Elend. Die breiten Schultern hingen nach vorn, die Hüfte war zur Seite hin weggeknickt und in den Augen lag nun auch, wie eben noch im Lachen, ein nervöses Flattern. Um ihn nicht weiter zu verunsichern, sagte ich *nicht,* dass er aussah wie ein Schluck Wasser in der Kurve, und gottlob gab ich auch dem Impuls nicht nach, diesen armen Mann nun einfach mal in den Arm zu nehmen. Stattdessen fragte ich: »Wie fühlen Sie sich jetzt, Herr Peters?«

»Merkwürdig. Sehr merkwürdig.«

»Und ist das eher ein unangenehmes Gefühl oder ein angenehmes?«

»Unangenehm. Ganz eindeutig. Das ist mir jetzt sehr unangenehm.«

»Sehen Sie, Herr Peters, und genau das sieht man Ihnen auch an!« Ich erhob mich nun auch wieder aus meinem Sessel, entfernte mich aber für ein paar Schritte von Herrn Peters, um seine Verlegenheit nicht noch weiter zu steigern. Aus sicherer Entfernung ordnete ich an: »Schließen Sie bitte zunächst einmal die Augen, Herr Peters.« Ich schloss selbst auch die Augen, um mich ganz genau hineinfühlen zu können in seine Situation. »Und nun atmen wir ein. Auf drei! Eins, zwei, drei!« Wir schnappten beide nach Luft. »Und nun atmen wir aus. Und zwar gaanz lang!« Ich zählte bis zehn. »So und jetzt wiederholen wir das Ganze noch einmal!« Nach weiteren drei solcher (kurzen) Ein- und (langen) Ausatmungsvorgängen widmete ich mich als Nächstes der Körperhaltung. Ließ Herrn Peters (und mich selbst natürlich auch) zunächst die Schultern nach oben ziehen, um sie dann – ruckartig! – nach unten sausen zu lassen. »Und nun achten wir auch auf unsere Füße! Dafür ziehen wir zunächst einmal die Schuhe aus!«

Wir entledigten uns beide unseres Schuhwerks, was dank der sommerlichen Temperaturen recht einfach war, und so bemerkte ich nun auch, als Herr Peters seine Turnschuhe verlassen hatte, dass er weder ein Problem mit Schweißfüßen hatte noch mit eingewachsenen oder gar verhornten Nägeln. Im Gegenteil: Die Füße von Herrn Peters waren makellos oder, wenn ich das mal so ganz unverblümt sagen darf – die Füße von Herrn Peters waren *wunderschön!* Nicht dass Sie jetzt denken, ich hätte so etwas wie einen Fußfetisch, so etwas kennt man ja eher von Männern, nicht wahr, die vergöttern dann ja meist Frauen mit solchen ganz kleinen Füßchen, nun und vermutlich rührt daher auch meine gesteigerte Aufmerksamkeit für Füße, da ich selbst doch eher auf recht großem Fuß lebe und deshalb auch im Schuhgeschäft meist ein Problem habe, zumindest dann, wenn ich mich in die Damenabteilung begebe, aber das führt nun wirklich zu weit beziehungsweise fort von Herrn Peters und um den soll es ja nun gehen und nicht um mich. Herr Peters stand da also mit seinen schönen Füßen und bohrte die, wie ich es anordnete, in den Holzboden meiner Praxis. »Nicht ganz so doll, Herr Peters! Sie sind ja kein Raubvogel, nicht wahr?« Ich erlaubte mir ein kleines Glucksen. »Und nun kommen wir zu Ihrer Körpermitte!« Noch immer war die Hüfte von Herrn Peters nämlich so seltsam schief nach hinten hin weggeknickt. »Strecken Sie doch bitte einmal die Hüfte nach vorne!« Herr Peters folgte meiner Anordnung. »Sehr gut!«, rief ich. »Aber den Po bitte nicht vergessen!«

»Wie meinen Sie das jetzt?«

»Sie müssen den Po mitnehmen, Herr Peters!« Es ist ja so, verehrte Lesende: Die Manneskraft kommt ja nicht nur von vorn, sondern auch von hinten! Der Gesäßmuskel spielt eine ganz wesentliche Rolle beim Geschlechtsakt. Das erklärte ich Herrn Peters an dieser Stelle natürlich nicht, das hätte ihn vermutlich nur verunsichert. Überhaupt erwähnte ich das Thema Manneskraft während unserer Lektion in keiner Weise, das wäre ja so gewesen, als würde man mir beim Frauenarzt sagen: »Nun seien Sie mal nicht so verkrampft!« Sie verstehen gewiss, was ich meine?

Nun, Herr Peters streckte mir mittlerweile sowohl sein Gemächt wie auch sein Gesäß entgegen – gottlob noch immer mit geschlossenen Augen –, denn nun erfasste mich doch auch eine kleine Hitzewallung. Verstehen Sie mich nicht falsch: In keinster Weise erotisierten mich die Verrenkungen, die der arme Herr Peters auf mein Geheiß hin hier vornahm, ich befand mich nur eben, wie Sie sich vermutlich schon denken können, mitten im Klimakterium und da wurde ich immer wieder erfasst von solchen Attacken (die Hitze betreffend). Und deshalb ordnete ich nun auch eine Übung an zur allgemeinen Entkrampfung beziehungsweise Auflockerung: »Lassen wir alles raus, Herr Peters! Und öffnen wir dazu auch wieder die Äuglein!« Ich demonstrierte Herrn Peters, was ich meinte: Schüttelte also meine Arme, meine Beine, natürlich auch das Becken, gab dazu entsprechende Geräusche von mir (die entstehen, wenn man auch den Kiefer löst und die Zunge frei schwingen lässt) und Herr Peters schaute mir glücklicherweise nicht allzu lang dabei zu, sondern fing dann auch selbst an, seine Gliedmaßen von sich wegzuwerfen, und auch aus seinem Munde drangen alsbald ähnlich verstörende Geräusche wie aus meinem.

Danach wiederholten wir noch einmal die Prozedur der Aufrichtung und ich bemerkte bereits jetzt einen gewissen Fortschritt. »Wunderbar, Herr Peters. Sie stehen nun schon viel aufrechter da als noch vor wenigen Minuten!«

»Tatsächlich?«

»Aber ganz gewiss, Herr Peters!« Wir wiederholten die Übungen noch einige Male und setzten uns dann wieder in unsere Sessel.

»Nun sind wir beide ein wenig erhitzt, nicht wahr?«

»In der Tat, Frau Gilhu. In der Tat.«

»Und wie fühlen Sie sich jetzt, Herr Peters?«

Es dauerte eine Weile, bis Herr Peters diese Frage umfassend beantwortet hatte. Denn natürlich war nun etwas in ihm in Bewegung gekommen und das zeigte sich nicht nur an einem plötzlich einsetzenden Tränen-, sondern auch an einem unmittelbar darauf folgenden Redefluss. Geduldig hörte ich mir alles an, was da herausbrach aus diesem schönen Mann, und ergriff meinerseits erst wieder das Wort, als Herr Peters folgende Sorge äußerte:

»Sie hat vermutlich längst einen Geliebten!«

»Würde sie sich denn dann trotzdem zu Ihnen ins Bett legen? Und zwar nackt?«

Herr Peters schaute mich an, ein wenig verdutzt, zog dann ein Taschentuch aus seiner Hosentasche und schnäuzte sich ausgiebig.

»Ihre Frau will etwas von *Ihnen*, Herr Peters! Nicht von einem anderen Mann!«

»Aber das, was sie von mir will, kann ich ihr nicht geben!«

»Sind Sie sich da ganz sicher?«

Befänden wir uns in einem Film, gäbe es an dieser Stelle einen Schnitt, verehrte Lesende. Denn es kam nun zu einem sehr intimen Gespräch zwischen Herrn Peters und mir. Hauptsächlich ging es um die Frage, ob die Sexualität in der Ehe immer auch den Beischlaf inkludiert. Meiner Meinung nach tut sie das nämlich nicht! Herr Peters war aber groß geworden mit der Annahme, dass die Sexualität in der Ehe grundsätzlich der Fortpflanzung zu dienen habe und alles andere sei *Schweinkram*. Tatsächlich hat Herr Peters diesen Begriff verwendet. Und ich war, wie Sie sich vorstellen können, natürlich ein wenig fassungslos. Ich habe ja schon viel erlebt in meiner Praxis als Glücks- und Sexualtherapeutin, aber dass ein erwachsener Mann, der im gleichen Land groß geworden ist wie ich, heutzutage von *Schweinkram* redet, wenn es um so herrliche Dinge geht wie Cunnilingus oder Fellatio, also das machte selbst mich ein wenig sprachlos. Natürlich nicht sehr lange – denn nun erschloss sich mir ja auch die ganz allgemeine Verklemmtheit dieses Mannes. Und da musste ich nun aufpassen, dass ich Herrn Peters nicht überfiel mit meinen Gedanken und Ideen, die mir diesbezüglich durch den Kopf schossen. Die Sexualtherapeutin in mir war versucht, Herrn Peters zunächst mal ein wenig anatomisch zu unterrichten. Sehr wahrscheinlich zählte er ja zu den Herren, die alles, was sich jenseits des Bauchnabels von uns Frauen befand, als gefährlichen Urwald betrachteten, den es schnellstmöglich zu durchdringen galt, und zwar am besten mit erhobener Machete. Nun, auf die Schätze, die sich in diesem Urwald verbergen, komme ich zu gegebener Zeit sicher noch einmal zurück, aber nun musste ich Herrn Peters erst mal von der verfestigten Annahme fortbewegen, dass er diese Machete überhaupt benötigte. »Sehen Sie, Herr Peters«, sagte ich. »Wir Frauen haben ja überhaupt keine Machete. Und wir sind trotzdem in der Lage, uns selbst zu beglücken.«

»Tatsächlich?«

»Gewiss, Herr Peters. Ganz gewiss.«

Wie Sie sehen, arbeitete ich mit Herrn Peters zweigleisig: Zum einen widmeten wir uns der Sprengung seiner gedanklichen Verklemmtheit. Hier bekam Herr Peters die Aufgabe, überall dort hinzuspüren, wo ihn jemals ein Anflug von Erregung überkommen hatte, und zu gegebener Zeit sollte er sich, so meine Empfehlung, einfach auch mal vollkommen nackt ins Bett legen. »Und dann schauen wir mal, was dann passiert, Herr Peters!«

Zum anderen ging es natürlich auch darum, Herrn Peters aus der inneren Verkrümmung zu befreien. Dafür empfahl ich die morgendliche Aufrichtung, gepaart mit der Vertiefung des Atems. »Und dazu, lieber Herr Peters, sagen Sie sich dann bitte folgendes Mantra auf:

Glück ist morgens aufzustehen,
aufrecht durch den Tag zu gehen.
Was man gibt, das kommt zurück,
am schönsten ist das kleine Glück!«

In der nächsten Stunde (in der Herr Peters mir schon ein wenig weniger geduckt entgegentrat) gab ich ihm dann noch folgenden (selbst gedichteten) Spruch mit auf den Weg:

»Aufrecht gehen, aufrecht stehen –
will uns das mal nicht gelingen,
hilft vielleicht, es einzusehen –
der Eros lässt sich bezwingen!«

Buch weggelegt,
losgelegt –
die Glücksaktion

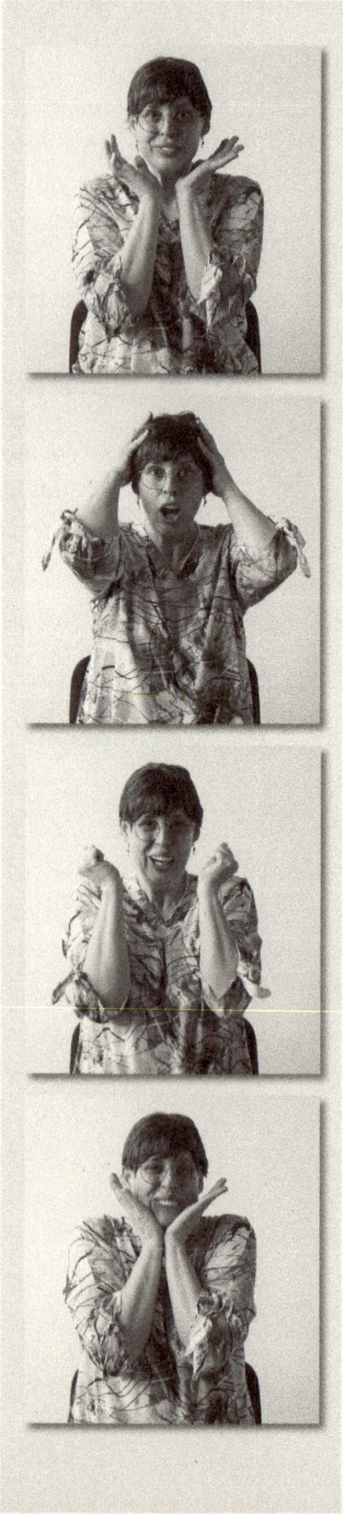

Das Kompliment

Zunächst mal möchte ich Ihnen mitteilen, wie gern ich Sie habe, liebe Lesende! Wie Sie mir folgen durch mein Büchlein und es ja scheinbar auch jetzt noch immer in der Hand halten. Da kann ich nur sagen: Das machen Sie gut, das machen Sie wirklich gut!

Und somit wären wir auch schon bei unserem heutigen Thema. Dem Kompliment!

Soeben habe ich Ihnen ja eins gemacht. Und ich hoffe, es hat seine Wirkung nicht verfehlt? Bestenfalls fühlen Sie sich nun ein wenig wohler in Ihrer Haut? Und anerkannt in Ihrem Tun?

Wir Menschen sind ja alle angewiesen auf Resonanz. Da klammere ich mich selbst gar nicht aus. Als allein lebende Person wird mir natürlich nicht täglich der Genuss von Komplimenten zuteil. Deshalb habe ich mir angewöhnt, Komplimente an mich selbst zu verteilen. Erblicke ich mein Gesicht im Spiegel, sage ich beispielsweise: »Hallo, liebe Anele! Schön, dich zu sehen!« Und schon lächele ich meinem Spiegelbild ein wenig freundlicher entgegen.

Probieren Sie das selbst einmal aus! Und gehen Sie dann noch einen Schritt weiter: Verteilen Sie ein Kompliment an jemand anderen. Natürlich darf das gern der eigene Ehemann sein, das Kind, der Onkel oder die Großmutter. Sollten die aber nicht zur Verfügung stehen, dann nehmen Sie doch mal einen Menschen, den Sie gar nicht kennen. Sie glauben gar nicht, wie sehr das Ihren Tag verändern wird!

Besonders einfach ist das natürlich bei Hunden. Einem Hund ein Kompliment zu machen, ist ja meist recht unverfänglich. Sagen Sie also (beispielsweise): »Ach, das ist aber ein hübscher

Hund! Um welche Rasse handelt es sich denn?« Gleiches gilt bei kleinen Kindern. Den Eltern ein Kompliment zu machen, ist vergleichsweise einfach. Und kommt immer sehr gut an! Fährt also ein Kinderwagen vorüber, schauen Sie flugs rein und sagen dann: »Was für ein niedliches Baby!« Läuft das Kind schon, kann man sagen: »Oh, noch so klein und schon so flott unterwegs?!«

Gelegentlich lässt sich auf diese Weise auch eine problematische Situation entzerren. Beispielsweise dann, wenn ein Kind gerade schreit. Sagen Sie, »Oh, was hat der Kleine schon für ein kräftiges Organ!«, ist die Wirkung meist verblüffend. Der Elternteil wird durch Ihren freundlichen Ton aus seiner Anspannung herausgerissen, das schreiende Kind sieht eine fremde Person (in diesem Falle Sie), die (im Gegensatz zum angespannten Elternteil) freundlich lächelt. Schreiende Kinder wissen ja irgendwann selbst nicht mehr, weshalb sie überhaupt schreien.

Ein gewagtes Vorgehen wäre es hier, dem schreienden Kind ein Stückchen Schokolade oder ein Bonbon anzubieten. Das kann nach hinten losgehen! Denn die meisten Eltern möchten nicht, dass man sich in ihre Erziehungsmethoden einmischt, und die Verabreichung von Süßwaren ist ja inzwischen auch bei vielen Eltern ein rotes Tuch. Belassen Sie es also lieber bei dem Kompliment (für das kräftige Organ oder den starken eigenen Willen).

Und wie ist es nun bei den Erwachsenen? Hier gilt es, etwas ganz Persönliches auszumachen und dabei natürlich auch nicht mit der Tür ins Haus zu fallen. Einem wildfremden Menschen zu sagen, dass er einen schönen Hut trägt, ist riskant. Suchen wir uns also lieber einen geschützten Rahmen.

Wie zum Beispiel die Fleischtheke. Bedient uns also da die Fleischverkäuferin mit den roten Wangen, könnte man sagen: »Ach, ich freue mich immer, wenn ich Sie sehe! Sie haben so eine schöne rosige Gesichtsfarbe!« Vermutlich läuft die Dame dann gleich noch ein wenig röter an – aber nicht aus Ärger, sondern aus Freude! Das Lächeln, das sie Ihnen daraufhin schenken wird, lässt womöglich auch Sie erröten. Denn die Freude, die wir bei anderen auslösen, kehrt ja zu uns selbst zurück. Und schon gehen auch Sie beschwingter durch Ihren Tag!

Wagen Sie es also, verehrte Lesende: Gehen Sie raus und verteilen Sie ein Kompliment. Wie es in den Wald hineinschallt, schallt es auch wieder heraus!

6

*Glücklich machen kleine Sachen,
manchmal hilft ein leises Lachen*

Volksmund

Wer mich kennt, weiß, wie gern ich lache. Ja, ich lache sehr oft und ich lache sehr viel. Es gab auch schon Menschen in meinem Leben, für deren Geschmack lachte ich *zu* viel. Einer dieser Menschen wäre fast einmal mein Ehemann geworden, aber von dieser Enttäuschung berichte ich an anderer Stelle – bleiben wir nun lieber heiter und somit beim Lachen! Wie gesund es ist, sich von Lachsalven erschüttern zu lassen, wissen wir ja nur zu gut. Die Endorphine werden ausgeschüttet, das Stresshormon Adrenalin gesenkt, zahlreiche Muskeln in Bewegung gesetzt und, ja, auch das Immunsystem in Schwung gebracht. So weit, so gut. Was aber, wenn das Lachen gar nicht mehr aufhören will?

»Du lachst dich noch mal tot!« So lautete die oftmals geäußerte Sorge meiner Mutter. Im Gegensatz zu meiner Schwester Gisela, die stets ein wenig grimmig dreinblickte (was sie auch heute noch tut!), war ich schon als Kind von heiterem Gemüt und trug wohl auch stets ein Lächeln im Gesicht. Und gelegentlich beziehungsweise regelmäßig wurde ich eben auch damals schon erfasst von diesen haltlosen Lachattacken (für die ich noch heute, wenn ich das so sagen darf, berühmt und – ja! – sicher auch berüchtigt bin). Kurzum: Die Sorge, ich könne mich einmal totlachen, hat nicht nur meine Mutter beschäftigt, sondern im späteren Leben auch mich selbst. Und wissen Sie, was ich herausfand? Haltloses Lachen kann sich zu einem Krampf hochschaukeln, Seitenstechen herbeiführen und Atemnot! Als ich das las, in einem Zeitschriftenartikel, kontaktierte ich gleich meinen ehemaligen Kommilitonen Hans-Georg, einen Humanbiologen, und der erklärte mir auf meine besorgte Frage, ob man beim Lachen sterben könne: »Nein. Man kann zwar beim Lachen genauso sterben wie beim Zähneputzen, die Ursache für den Tod ist das aber nicht.« Dennoch sei Lachen anstrengend, etwa 200 (!) verschiedene Muskeln würden dabei in Bewegung gesetzt, zudem steige der Puls und das Blut staue sich im Gehirn, weshalb wer ausgiebig lache, auch einen roten Kopf bekäme.

»Aber beim Niesen wird der Körper doch noch viel stärker erschüttert«, gab ich zu bedenken.

»Das stimmt«, sagte Hans-Georg. Und genau deshalb sei die Erschütterung, die das Lachen erzeuge, ja auch nicht lebensgefährlich. Nur wenn ich gerade am Blinddarm operiert worden sei, solle ich mir einen Heiterkeitsanfall besser ersparen. »Aber dann ist man ja ohnehin nicht zu Späßen aufgelegt.« Diese Annahme Hans-Georgs bestätigte ich, bedankte mich dann herzlich und verkniff mir die Frage, ob er sich noch erinnerte an die Zeiten, als er die eine oder andere Nacht auf meinem lila Futon verbracht hatte.

Nun, verehrte Lesende, halten wir stattdessen Folgendes fest: *Lachen ist gesund, mein Kleiner – und totgelacht hat sich noch keiner.* Und bricht es aus uns heraus, das Lachen, leistet es einen nicht unerheblichen Beitrag zu unserem Lebensglück. Wohl dem also, der stets etwas zum Lachen hat! In meiner Funktion als Glückstherapeutin sehe ich mich natürlich auch in der Pflicht, allzu ernsthaften Klienten ein Lachen zu entlocken.

Ein guter Witz zur rechten Zeit verwandelt Traurigkeit in Heiterkeit!

Nach diesem Motto handele ich und habe im Zuge dessen schon viele Witzbücher gewälzt, genauso schneide ich regelmäßig Cartoons aus Zeitschriften heraus und manchmal versuche ich mich sogar darin, selbst einen Witz zu kreieren. Das allerdings, verehrte Lesende, ist nicht leicht. Um einen Witz zu entwickeln, braucht es einen klaren Verstand, selbstverständlich auch Humor und zu guter Letzt sehr viel Lebenserfahrung. Über all das verfüge ich, aber vermutlich doch eher im durchschnittlichen Maße – zumindest haben die Witze, die ich selbst kreierte, bisher noch nicht für sonderlich große Lachattacken gesorgt. Woran ich ebenfalls arbeite, ist Situationskomik. Nichts ist doch komischer, als wenn jemand plötzlich vom Stuhl fällt! Besonders lustig ist es natürlich, wenn ein Stuhl zusammenkracht. Das allerdings kann teuer werden und womöglich auch schmerzhaft. Deshalb habe ich auch nie den Versuch unternommen, einen Stuhl entsprechend anzusägen. Stattdessen arbeite ich mit dem sogenannten Drehstuhltrick. Einen Drehstuhl, der sich herauf- und herunterfahren lässt, kann man ja auch, wenn man den richtigen Griff beherrscht, plötzlich und unerwartet heruntersausen lassen. Und genau das mache ich. Sitze ich bereits in der höchstmöglichen Höhe auf meinem Drehstuhl, greife ich unauffällig nach dem Hebel, der sich unter meinem Hinterteil befindet. Dann ziehe ich ihn nach oben, der Hebel gibt einen zischenden Laut von sich und ich sause nach unten. »Oje!«, rufe ich und falle, während ich noch so tue, als sei ich zutiefst erschrocken, in das Gelächter meiner Klienten mit ein. Natürlich lachen die nie gleich lauthals los, erst mal müssen sie sich ja vergewissern, dass mit mir alles in Ordnung ist, aber wenn ich dann selbst anfange zu lachen, stimmen sie umso herzhafter mit ein. Aber natürlich funktioniert dieser Trick nur einmal und Ihnen, verehrte Lesende, kann ich ihn jetzt auch nicht vorführen. Da ich aber möchte, dass auch Sie etwas zum Lachen haben, erzähle ich Ihnen jetzt noch meinen Lieblingswitz:

Mann und Frau sitzen beim Essen. Er bekleckert sich mit der Gulaschsoße. Daraufhin stellt er fest: »Ich sehe aus wie ein Schwein.«

Sie: »Und gekleckert hast du auch noch!«

Das ist doch sehr lustig, nicht wahr?

Buch weggelegt, losgelegt – die Glücksaktion

Das Babybäuchleinöl

Ja, nun wird sie ein wenig spinnert, die Frau Gilhu – denken Sie das jetzt womöglich? Was will sie denn mit einem *Babybäuchleinöl?*

Das kann ich Ihnen sagen! Ich möchte, dass Sie sich damit den Bauch massieren. Denn im Bauch steckt ja letztlich alles drin. Da sitzen die Nerven, da wohnt, wenn Sie so wollen, ja auch die Seele. Flugzeuge fliegen durch den Bauch, genauso wie Schmetterlinge. Sie wissen sicher, wovon ich spreche.

Ich kenne kaum einen Menschen, dem nicht schon einmal etwas *auf den Magen* geschlagen ist. Nun, und wie sensibel es ist, unser Bäuchlein, wissen ja Eltern von sehr kleinen Kindern besonders gut. Da wartet man mitunter stundenlang auf einen Pups. Erfolgt der dann endlich, kommt das nicht selten einer Erlösung gleich. Denn in den Babybäuchen sammelt sich sehr viel Luft. Und um dieser beim Entweichen zu helfen, gibt es verschiedene Hilfsmittel. Zum Beispiel das Babybäuchleinöl!

Selbst bin ich ja keine Mutter, aber durch meine Freundin Barbara lernte ich es kennen, dieses Wundermittel. Barbaras erstes Kind war kein sogenanntes Schreibaby, es schrie aber trotzdem sehr viel. Und da bekam meine Freundin die Empfehlung, es einmal mit diesem Öl zu versuchen. Immer dann, wenn das Kind auf dem Wickeltisch lag, befreit von Strampelhose und Windel, nahm sie nun das Babybäuchleinöl zur Hand, tat sich ein paar Tropfen auf die Fingerspitzen und massierte damit dann im Uhrzeigersinn das Bäuchlein ihres Babys. Dabei sang sie stets ein kleines Liedchen – manchmal wiederholte sie auch einfach nur (rhythmisch) die Silben: »Baby, Baby Bäuchlein, Baby, Babybäuchleinööööl«. Ja, und Sie können sich denken, wie gut das dem Bäuchlein des Babys tat. Es wurde ruhig und nicht selten verließ auch ein lästiger Wind den Wickeltisch.

Fasziniert davon, dachte ich mir schon damals (das Baby ist inzwischen zwanzig Jahre alt): Was so einem kleinen Menschen guttut, hilft mit Sicherheit auch einem großen. So kaufte ich mir also selbst so ein Babybäuchleinöl. Allein der Geruch – eine Mischung sanfter ätherischer Öle – wirkte bereits beruhigend.

Und als ich dann anfing, mir damit den Bauch zu massieren, war ich hinterher fast so entspannt wie nach den Handgriffen von Juan. Und damit möchte ich unsere heutige Glücksaktion auch schon beenden: Kaufen Sie sich ein Babybäuchleinöl und massieren Sie sich damit den Bauch. Ich bin gewiss: Er wird es Ihnen danken!

7

Fortuna lächelt,
doch sie mag nur ungern
voll beglücken;
schenkt sie uns
einen Sommertag,
so schenkt sie uns
auch Mücken

Wilhelm Busch

Was sagen wir dazu, verehrte Lesende? Ähnlich wie Herr Heine verweist auch Herr Busch auf die Unvollkommenheit des Glücks. Allerdings weniger in Bezug auf seine Flüchtigkeit, sondern vielmehr in Hinblick auf unangenehme Begleiterscheinungen. Und wählt dafür ein ganz und gar simples Beispiel: *die Mücke!*

Davon können wir ja alle ein Liedchen singen, nicht wahr? Nun, eigentlich sind es ja die Mücken, deren Gesang uns um den Schlaf bringt. Das fing schon an in unserem Reihenhaus in Neuss. Kam der Sommer, ging es los.

Lagen wir in unseren Betten, in dem kleinen Zimmerchen, das Gisela und ich uns teilten, war meist ich es, die den ersten Ton vernahm. »Gisela!«, flüsterte ich. »Hast du es gehört?«

»Was denn?« Meine Schwester tat so, als hätte ich sie aus tiefstem Schlaf gerissen.

»Das Sirren!«

»Welches Sirren?«

»Na, von den Mücken!«

»Anele, du spinnst!« Gisela zog sich die Decke über den Kopf und gab schnarchartige Geräusche von sich. Damit wollte sie mich natürlich provozieren. Ich sagte ja bereits, dass unser Verhältnis nicht immer das beste gewesen ist. Wenn es dick kam, hielten wir zusammen – innerfamiliär allerdings herrschte stets ein gewisses Hauen und Stechen. Dem sich, wie es aussah, auch die Mücken angeschlossen hatten, denn die stachen im Grunde immer nur mich.

»Das liegt an Aneles Blut«, pflegte meine Mutter zu sagen. »Das ist so süß!«

»So ein Quatsch«, zischte Gisela dann immer (aber nur so laut, dass unsere Mutter es nicht hörte). »Die Mücken stechen dich, weil du so schön stinkst!«

Das war natürlich eine Gemeinheit, barg aber einen wahren Kern, den mir Gisela später, als studierte Dermatologin, sehr detailreich erklärte. Denn es ist ja so: Die Mücken orientieren sich an Gerüchen. Und haben sie die Auswahl zwischen mehreren Opfern, wählen sie das, das am stärksten riecht.

Belassen wir es hier aber mit dem Olfaktorischen. Und kommen wir zurück zu den Mücken in der Sommernacht im Reihenhaus in Neuss! Dort lag ich nämlich immer sehr lange, bemüht darum, endlich einzuschlafen, und wenn es dann gerade so weit war und die Gedanken hinübergleiten wollten ins Land der Träume, zack, sirrte es wieder über meinem Kopf und ich saß erneut aufrecht in meinem Bett.

»Gisela!«, rief ich. »Kannst du bitte was machen?«

Giselas Kopf schoss aus den Kissen nach oben. »Was bist du nur für eine Nervensäge, Anele!«

»Ich kann aber nicht einschlafen, wenn es hier andauernd sirrt!«

»Dann schlag sie halt tot!«

»Ich bin aber doch tierlieb!«

Gisela schnaubte. »Ein Weichei bist du, sonst nichts!« Sie schälte sich aus ihrer Daunendecke und griff nach einem der beiden Schlappen, die vor ihrem Bett standen. »Du willst doch nur, dass ich mir die Finger schmutzig mache! Das willst du doch?« Mit dem Schlappen in der Hand stand Gisela nun vor mir und ich bekam es mit der Angst zu tun.

»Das will ich natürlich nicht, Gisela. Ich habe dich nur um Hilfe gebeten. Ich habe nicht gesagt, dass du die Mücken erschlagen sollst.«

»Was soll ich denn dann mit ihnen tun?«

»Sie vielleicht raustragen?«

»Du spinnst ja, Anele!« Giselas Augen verengten sich. »Und jetzt sei still!« Mit dem Schlappen in der Hand suchte sie die Wand und die Zimmerdecke ab, aber natürlich hörte man es jetzt nicht mehr sirren. Sie waren ja nicht dumm, die Mücken!

»Da!«, schrie ich. »Da ist sie!«

»Wo?«

Ich wies auf die Mücke beziehungsweise dorthin, wo ich sie eben noch gesehen hatte, sie jetzt aber natürlich nicht mehr saß. So ging es noch eine ganze Weile. Manchmal verlor Gisela die Geduld und legte sich unverrichteter Dinge wieder in ihr Bett. Meist war es aber so, dass wir das nervige Tier irgendwann doch entdeckten. Und dann schlug Gisela zu mit ihrem Schlappen. Zielsicher und ohne Erbarmen.

Beruhigt sank ich dann in einen tiefen Schlaf und betrachtete am nächsten Morgen bestürzt die blutigen Spuren dieser Tötungsdelikte auf der Raufasertapete unseres Kinderzimmers.

Ja, so war es, aber wie kommen wir von dort nun wieder zurück zum Glück?

Das kann ich Ihnen sagen, verehrte Lesende! Wir brauchen dazu nur ein kleines Gerät – den SCHNAPPI! Kennen Sie ihn bereits? Besitzen Sie vielleicht sogar selbst schon einen? Der Schnappi ist auf jeden Fall eine Entdeckung, die mein Leben verändert hat. Genauer gesagt entdeckte ich ihn gar nicht, er wurde mir vielmehr zugetragen. Und zwar von Frau Meisel. Die behandelte ich wegen einer generalisierten Angststörung. Frau Meisel hatte vor sehr vielem Angst. Vor dem Betreten eines Fahrstuhls genauso wie vor Gewitter oder auch vor Hunden.

»Aber wissen Sie, Frau Gilhu, wovor ich kaum noch Angst habe?«, fragte sie mich irgendwann während einer unserer wöchentlichen Sitzungen. »Vor Spinnen!«

»Tatsächlich?« Ich schluckte und war natürlich sehr gespannt auf die Erklärung, die nun folgte.

»Wissen Sie, Frau Gilhu, in meinem Elternhaus gab es sehr

viele Spinnen. Das lag vor allem an dem Efeubewuchs. Können Sie sich das vorstellen?«

»Natürlich.« An unserem Reihenhaus hatte es zwar keinen Efeu gegeben, aber die Rose, die an der hinteren Hauswand nach oben geklettert war, hatte den Spinnen natürlich auch als Einflugschneise gedient. »Ich weiß, wovon Sie sprechen, Frau Meisel!«

»Ja, und wissen Sie, mein Mann, der hat die nun immer gleich erschlagen.«

»Verstehe. Das kenne ich auch, Frau Meisel.«

»Ja, immer wenn ich nach ihm rief, kam er mit dem Spaten. Und nicht mit der Kehrschaufel!«

»Das ist nicht schön.«

»Nein, ich kann ja auch keiner Fliege etwas zuleide tun. Und dann sah ich immer diese toten Spinnen, vor denen ich mich natürlich ekelte, und habe mich geschämt. Können Sie das verstehen, Frau Gilhu?«

»Das verstehe ich sehr gut, Frau Meisel.«

»Ja, und dann habe ich mich irgendwann angemeldet auf so einem Onlineportal für Arachnophobiker.«

»Das gibt es?«

»Natürlich! Sie glauben ja gar nicht, was es alles im Internet gibt, Frau Gilhu! Für jede Phobie findet sich dort ein entsprechendes Portal.«

»Ach was.«

»Ja, Frau Gilhu, das kann einem schon helfen, ersetzt aber natürlich nicht ein solches Gespräch, wie wir es hier führen.«

»Da bin ich aber beruhigt.« Wir lachten ein wenig. Das gelang immer ganz gut mit Frau Meisel. Meiner Erfahrung nach besitzen Angstpatienten ja nicht nur besonders viel Angst, sondern auch besonders viel Humor.

»Ja, und auf diesem Portal gab es nun eine Werbung für dieses Gerät.«

»Was denn für ein Gerät?«

»Den Schnappi!«

»Aha.« Ich hatte natürlich nicht die geringste Ahnung, wovon Frau Meisel sprach. Aber die Erklärung ließ nicht lange auf sich warten.

»Also, der Schnappi ist ein Gerät, mit dem kann man die Spinnen lebendig einfangen und dann auch wieder freilassen.«

»Das ist ja toll!«

»Ja, das ist ganz toll. Sie müssen die Spinne überhaupt nicht anfassen und schon gar nicht töten.«

»Aber wohin bringen Sie die denn dann?«

»In den Garten. Und zwar in die hinterletzte Ecke.« Frau Meisel kicherte wieder ein wenig. Und in der nächsten Sitzung brachte sie ihn mit, ihren Schnappi.

Gemeinsam betrachteten wir ihn, Frau Meisel demonstrierte seine Handhabung, und als ich ihn dann selbst in der Hand hielt, sagte Frau Meisel: »Wissen Sie was, Frau Gilhu: Ich schenke Ihnen den Schnappi!«

»Aber das können Sie doch nicht machen, Frau Meisel! Sie benötigen ihn doch selbst!«

»Ach was, Frau Gilhu. Ich habe mir ja gleich zehn Stück davon bestellt. Da kann ich ja wohl auf einen verzichten.« Frau Meisel fing wieder an zu kichern.

Ich bedankte mich sehr herzlich und revanchierte mich in der nächsten Sitzung mit einer Pralinenschachtel von Lindt. Und nahm den Schnappi natürlich gleich in Betrieb. Zunächst probierte ich ihn aus an herkömmlichen Stubenfliegen. Die ließen sich problemlos einfangen und flogen, wenn ich den Schnappi wieder öffnete, glücklich davon. Etwas schwieriger war es natürlich mit flugunfähigen Insekten. Was machte man beispielsweise mit einer Kellerassel? Die ließ sich zwar einfangen, aber wo setzte man sie wieder aus? Im Gegensatz zu Frau Meisel bewohne ich ja kein Haus, sondern eine Wohnung. Und die befindet sich auch nicht im Erdgeschoss, sondern im dritten Stock. Nun gut, anfangs hielt ich es so, dass ich die flugunfähigen Insekten, die ich mit meinem Schnappi eingefangen hatte, immer nach unten trug und auf dem Grünstreifen, der sich vorm Haus befindet, wieder aussetzte. Später, als ich mich auch an die Spinnentiere herangewagt hatte, war mir das manchmal ein wenig zu mühsam und ich ließ die Spinnen quasi aus dem Schnappi heraus durchs Fenster nach unten segeln.

Zunächst plagte mich auch da ein schlechtes Gewissen: Nahm ich den Spinnen auf solche Weise nicht auch das Leben? Aber nein, verehrte Lesende! Bei den Spinnen ist es ja so: Die spinnen sofort wieder ein Fädchen und finden somit noch Halt in der Luft. Möglicherweise landen sie dann auf dem Balkon des Nachbarn oder auch an dessen Fenster, aber wissen Sie was? Das ist dann nicht mehr mein Problem! Ich habe es mir zur Regel gemacht, jede fünfte Spinne, die ich einfange, auf diese Weise aus meiner Wohnung zu befördern, alle anderen trage ich hinab auf den Grünstreifen.

Mittlerweile habe ich den Schnappi auch schon vielfach verschenkt. Gisela meint zwar immer noch, ihr Schlappen würde ausreichen zur Insektenbekämpfung, aber als Umweltaktivistin weiß sie ja mittlerweile auch, wie lebensnotwendig sie sind, die kleinen Krabbeltiere. Und insofern möchte ich auch Ihnen, verehrte Lesende, empfehlen: Hören Sie auf, umständlich mit Handfeger und Kehrschaufel zu hantieren, lassen Sie es bitte auch, Spinnen mit dem Staubsauger einzusaugen (das bekommt weder dem Sauger gut noch der Spinne), nehmen Sie stattdessen lieber ein bisschen Geld in die Hand und investieren auch Sie in einen Schnappi. Damit tun Sie nicht nur etwas für die Natur, sondern auch für Ihren Seelenfrieden!

Ein wenig entfernt haben wir uns nun von unserem Glücksspruch, dennoch hat er uns ja zu dieser Erkenntnis inspiriert und ich darf Herrn Busch vielleicht sogar noch ein wenig ergänzen. Denn auch wenn das Glück, das uns ein schöner Sommertag bescheren kann, getrübt sein mag durch so etwas Lästiges wie Stechmücken, dann gibt es doch immer Mittel und Wege, sich dieser Belästigung zu entledigen.

Wobei wir Herrn Busch zugutehalten wollen, dass es zu seiner Zeit eine solch segensreiche Erfindung wie den Schnappi vermutlich noch nicht gab.

Buch weggelegt, losgelegt – die Glücksaktion

Der Hammer

Wann haben Sie denn das letzte Mal etwas kaputt geschlagen? Mit Absicht, meine ich? Vielleicht noch nie?
Ich darf Ihnen verraten, liebe Lesende: Ich lebte lange Zeit in der Annahme – das haben Sie ja vielleicht auch dem Kapitel mit der Mücke entnommen –, ich sei eine friedfertige Person und könne keiner Fliege etwas zuleide tun. Und hielt mich auch ansonsten frei vom Wunsch, etwas zu zerstören.
Aber wissen Sie was? Das stimmt gar nicht! Als ich das erste Mal sah, wie die Kinder meiner Freundin Barbara in deren Bogenhausener Garten eine Pinata zerschlugen, fragte ich: »Darf ich auch mal?« Die Kinder betrachteten mich zwar ein wenig irritiert, überreichten mir dann aber doch den Baseballschläger. Und mit dem drosch ich zunächst noch zaghaft, dann aber zunehmend kräftiger ein auf die Pinata. Mit dem Ergebnis, dass sie zersprang und die Süßigkeiten durch die Luft flogen. Barbara fragte mich daraufhin ein wenig pikiert: »Musste das sein, Anele?«

»Aber warum denn nicht, Barbara?«

»Das ist doch die Aufgabe der Kinder!«

»Aber die haben es doch gar nicht geschafft!« Ich zeigte mich, wie Sie sehen, ein wenig uneinsichtig. Befand mich sozusagen noch immer in dem Glücksrausch, den diese Aktion in mir ausgelöst hatte. Was das über mich aussagte, fragte ich mich natürlich schon. Aber ich gab mir selbst eine beruhigende Antwort: »Du hast ja nichts kaputt gemacht, woran einem anderen Menschen etwas liegt, Anele. Du hast deinen Körper gespürt und deine Kraft. Und das war für dich ein Moment des Glücks!«

Gleiches möchte ich Ihnen nun auch empfehlen, verehrte Lesende. Was würden Sie gern einmal kaputt schlagen? Ein Sparschwein vielleicht? Oder auch eine Pinata?

Sollten Sie beides nicht vorrätig haben, überlegen Sie sich Folgendes: Was brauche ich nicht mehr? Was kann weg? Vielleicht ist es zunächst mal ein alter Pappkarton. Den sollte man vielleicht nicht unbedingt kaputt schlagen, auf den kann man hervorragend draufspringen. Auch das ist ein Genuss. Ich mache das immer so, wenn ich zum Altpapiercontainer gehe. Bevor ich die Kartons hineinwerfe, springe ich auf sie drauf. Damit erweise ich nicht nur mir selbst einen Dienst, sondern auch meinen Mitmenschen. Denn für die bleibt nun mehr Platz im Container – also nicht für die Mitmenschen selbst, sondern für die Dinge, die sie hineinwerfen. Ein zertretener Karton braucht nämlich ungleich weniger Platz als ein ganzer.

Ja, aber was können wir nun zerschlagen? Früher gab es ja in nahezu jedem Garten eine Teppichstange. Über die hängte man den Teppich und die Hausfrau hieb anschließend auf ihn ein mit einem Teppichklopfer. Das diente sicher nicht selten auch dem Aggressionsabbau. Aber wo findet sich heute noch eine Teppichstange? Und wie sollte ich aus dem dritten Stock meinen Teppich nach unten auf die Teppichstange befördern? Nun, da bleiben wir lieber beim Staubsaugen und fragen uns weiterhin: Wo können wir denn jetzt mal schön draufschlagen? Was natürlich immer geht, ist ein Kissen. Nur gibt es da keinen Widerstand und ein Kissen springt ja auch nicht entzwei. Gleiches gilt fürs Schnitzel. Das kann ich mit einem Fleischklopfer traktieren, aber kaputt geht es davon (glücklicherweise) auch nicht.

Suchen wir uns also Gegenstände, von denen wir uns schon immer mal verabschieden wollten. Die Tasse beispielsweise, die uns der Ex-Mann zum Nikolaustag geschenkt hat, oder der Wandteller von der Firma, den wir zum fünfundzwanzigjährigen Dienstjubiläum überreicht bekamen. Gegenstände also, deren Anblick uns womöglich schon immer schlechte Laune bescherte. Weg mit ihnen! Schnappen Sie sich Ihren Hammer, legen Sie den Gegenstand, den Sie loswerden wollen, in guter Erreichbarkeit auf den Tisch, holen Sie aus und – zack! – ist das Ding auch schon zersprungen. Falls nicht, fahren Sie fort, so lange, bis es kracht. Und dann beschauen Sie sich mit Stolz die Bescherung. Vielleicht knipsen Sie noch ein Foto, bevor Sie mit dem Handfeger anrücken und wieder für Ordnung sorgen.

Dann machen Sie doch auch gleich ein Foto von sich selbst. Denn Sie werden nun richtig gut aussehen: Die Wangen gerötet, die Augen am Leuchten und der Mund umspielt von einem zufriedenen Lächeln. Sollten Sie dieses Foto später einmal betrachten, fragen Sie sich bestimmt: Warum sehe ich denn da so glücklich aus?

8

Glücklich ist,
wer vergisst,
was doch nicht
zu ändern ist

Erinnern Sie sich noch an Peter Alexander? Den habe ich immer vor Augen, wenn ich mir sage: *Glücklich ist, wer vergisst, was doch nicht zu ändern ist*. Denn Herr Alexander hat diese Zeilen gesungen in einer Verfilmung von Johann Strauss' *Fledermaus*. Und danach hat er dann seine Spielpartnerin geküsst. Tja, wie komme ich von dort nun zu meiner Freundin Barbara, die kurz vor unserer gemeinsamen Thailandreise eine furchtbare Enttäuschung erleben musste?

Nun, am besten ist es wohl, wenn ich Ihnen einfach mal davon erzähle. Los ging es wenige Wochen vor meiner geplanten Reise nach Thailand. Ich war bereits mit Packen beschäftigt, da klingelte zu später Stunde plötzlich mein Telefon.

»Anele, hier spricht Barbara.«

»Barbara!« In diesem Moment wusste ich, dass etwas Schlimmes geschehen sein musste. Niemals hatte Barbara in einem solchen Piepston gesprochen. Und niemals hatte sie solche furchterregenden Geräusche von sich gegeben (wie sie nun aus dem Hörer drangen).

»Was ist denn los, meine Liebe?«

»Dreißig Jahre!«, entfuhr es da meiner Freundin. »Sie ist dreißig Jahre jünger als er!«

»Von wem sprichst du denn?«

»Von dieser entsetzlichen Kuh!«

»Welche entsetzliche Kuh?«

»Von seiner PRAKTIKANTIN!« Es folgten weitere furchterregende Geräusche. Und ich wusste Bescheid. Es konnte keinen anderen Schluss geben als diesen: Rolf, der fabelhafte Ehemann meiner Freundin, hatte ein Verhältnis begonnen mit einer Dame, die dreißig Jahre jünger war als er. An dieser Stelle sollte ich vielleicht sagen, dass ich Rolf noch nie besonders gemocht hatte. Durch ihn war es ja beendet worden, das schöne Leben. Was hatten wir für einen Spaß gehabt, Barbara und ich. Und wie gut war es uns gelungen, uns durch dieses doch nicht ganz so anspruchslose Psychologiestudium zu schlagen. Ach, und wie hübsch war sie gewesen, die Altbauwohnung in Haidhausen, mit dem riesigen orangefarbenen Kühlschrank, den Barbara, genau wie das lilafarbene Küchensofa von irgendeinem Sperrmüll aufgetrieben hatte. Ja, Sie können es sich vielleicht nicht vorstellen, liebe Lesende, aber ich war auch mal jung! Ohne Brille noch, die Haare fast polang, hatte ich vielleicht nicht ausgesehen wie Uschi Obermaier, aber wenn Barbara und ich die Leopoldstraße hinunterliefen, hatte auch niemand Reißaus genommen. Hin und wieder hatte ja auch jemand von diesen jungen Herren auf dem lila Sofa Platz genommen, aber nie war jemand so oft und so lange geblieben, dass wir unsere Wohngemeinschaft hätten infrage stellen müssen. Wir hatten ja auch noch einiges vorgehabt miteinander! Eine Gemeinschaftspraxis wollten wir gründen, Barbara als Analytikerin und ich als tiefenpsychologisch fundierte Gesprächstherapeutin. Aber dann kreuzte er auf, dieser Rolf, zehn Jahre älter als Barbara, und im Handumdrehen überließ mir Barbara den orangefarbenen Kühlschrank genauso wie das lila Sofa und stand fortan am Herd einer Bulthaupt-Küche in Bogenhausen. In ähnlich rascher Abfolge wie bei meiner Mutter kamen zwei Kinder auf die Welt, die benötigten einige Jahre lang Barbaras uneingeschränkte Aufmerksamkeit und als die dann aus dem Gröbsten raus waren, sagte Barbara, nun müsse sie sich erst mal ausruhen, legte sich auf die heimische Couch und ihre beruflichen Ambitionen für ein paar weitere Jahre auf Eis.

»Was soll ich denn jetzt machen?« Barbaras Stimme hatte das Fiepsige verloren und war nun auf einmal sehr laut.

»Du kommst jetzt erst mal hierher!«

Eine Viertelstunde später stand Barbara vor meiner Tür.

»Anele!«, rief Barbara und fiel mir entgegen. Ich fing sie auf und stellte wieder einmal fest, dass Barbara bedeutend leichter war als ich.

»Was soll ich denn jetzt machen?«

»Nun setz dich erst mal hin.« Ich schob Barbara ins Wohnzimmer. Dort sank sie aufs Sofa und riss dabei die Decke herunter, die ich auf der Sitzfläche ausgebreitet hatte (um darunterliegende Flecken zu überdecken). »Ist das etwa immer noch unser altes Sofa?«

»In der Tat, meine Liebe.« Ich hob die Decke auf, faltete sie zusammen und legte sie auf den Sessel.

»Verdienst du denn so schlecht?«

»Barbara«, sagte ich und setzte mich auf das Deckenrechteck. »Ich könnte mir durchaus ein neues Sofa leisten, aber warum sollte ich das? Man sitzt doch immer noch recht gut darauf, oder etwa nicht?«

»Na ja. Bequem fand ich das Sofa noch nie. Wir haben uns ja erst letztes Jahr eine neue Sitzlandschaft zugelegt.«

»Eine *Sitzlandschaft?*«

»So nennt man das, Anele. In einer Sitzlandschaft können mehrere Menschen zugleich sitzen und auch liegen.«

»Und habt ihr das getan?«

»Was?«

»Mit mehreren Menschen darauf gelegen?«

»Natürlich!« So energisch, wie Barbara dieses Wort herausgeschleudert hatte, schossen ihr nun auch schon wieder die Tränen aus den Augen. »Gemeinsam haben wir darauf gelegen und ferngesehen! Manchmal sogar noch mit den Kindern!«

»Verstehe.« Betreten betrachtete ich meine Freundin und reichte ihr einen Kleenex-Karton.

»Die ist genauso alt wie Valentina.« Barbara schnäuzte sich die Nase. »Er hat sich quasi an seiner Tochter vergangen.«

»Da gehst du jetzt aber ein bisschen zu weit, meine Liebe.«

»Wieso? Dieses junge Ding ist genauso alt wie seine Tochter, hat gerade erst die Schule verlassen und grundsätzlich von Tuten und Blasen keine Ahnung.«

»Nun –«

»Fakt ist doch, Anele: Hier handelt es sich um eine Form von Missbrauch.«

»Soweit ich weiß, hat sie sich ihm aber doch freiwillig hingegeben.«

»Ja, diese Kuh hat ihm ja sogar ein *Romeo und Julia*-Büchlein geschenkt. Und selbst so alberne Gedichte verfasst.«

»Und die hast du gelesen?«

»Natürlich! Hab ich alles dokumentiert.« Barbara drückte auf ihrem Smartphone herum. »Schau! Was für ein fürchterliches Gefasel!« Barbara hielt mir das Display unter die Nase.

Ich überflog das Geschriebene. »Nun«, sagte ich dann. »Das Dichten hat die Dame wohl nicht erfunden!«

»Sage ich doch! Aber ist das nicht auch ungeheuer dreist?«

»Was?«

»Einem verheirateten Mann so etwas zu schicken?«

»Nun, sie hat sich wohl verliebt ...«

»Aber das gehört sich doch nicht!«

»Sich zu verlieben?«

Nun denken Sie bitte nicht, verehrte Lesende, ich hätte mich auf Rolfs Seite geschlagen. Mitnichten! Mir ging es nur darum, Barbaras Sicht auf die Dinge ein wenig zurechtzurücken. Denn nicht die junge Dame hatte sie ja betrogen, sondern ihr Mann. Natürlich beobachten wir hier einen bekannten Vorgang: Unsere Wut richtet sich oft nicht auf den Menschen, der uns betrügt, sondern auf den Eindringling.

Entscheidend aber war doch, was Barbara nun wollte. Der jungen Dame eins überbraten oder ihren Mann wieder für sich gewinnen? Beides zusammen gelingt nur schwer. Greifen wir die

Person an, in die sich unser Partner verliebt hat, weckt das oft dessen Beschützerinstinkt. Gerade bei einem solch immensen Altersunterschied.

Was Barbara aber nicht einsah. »Wir gehen morgen dahin, Anele.«

»Wohin?«

»In sein Büro.«

»Und dann?«

»Dann sagen wir ihr die Meinung!«

Grundsätzlich halte ich sehr viel davon, anderen Menschen die Meinung zu sagen. Das befreit und eröffnet die Chance für einen Dialog. Deshalb lag ich in der Nacht, die Barbara auf unserem alten Sofa verbrachte, auch sehr lange wach. Sollte ich sie tatsächlich begleiten und ihr quasi als moralischer Beistand dienen? Oder würde es mir noch gelingen, sie abzuhalten von dieser Attacke?

Nun, Sie können sich denken, dass meine Freundin ebenfalls nicht besonders gut schlief. Und als sie mir am nächsten Morgen (mit verquollenem Gesicht) gegenübersaß, hatte sie nicht das Geringste verloren von ihrem Groll. »Wir gehen um 13 Uhr da hin. Dann haben sie Mittagspause. Und essen ihre Scheiß-Süßkartoffeln.«

»Süßkartoffeln?«

»Ja, seit Rolf mit der Kuh rummacht, isst er nur noch so einen gesunden Kram. Süßkartoffeln, Quinoa und Bulgur …«

»Dann ist er jetzt wohl Veganer?«

»Was weiß ich. Wir gehen auf jeden Fall um 13 Uhr da hin. Verstanden?«

Ja, Barbara redete nun mit mir, als sei sie der Feldmarschall und ich ihr Untertan. Natürlich hätte ich das unter normalen Umständen nicht zugelassen, aber jetzt befand sie sich ja in einem Ausnahmezustand und da war es wichtig, dass sie ihre Kraft nicht verlor.

Diese Kraft war ja immens wichtig für alles, was noch vor ihr lag. Dass sie sich erst am Anfang der Krise befand, war ja vollkommen klar. Was da noch alles kommen würde, wusste ich hinlänglich aus meiner Praxis. Ich hatte genügend Frauen behandelt, die sich nicht nur mit den eigenen Wechseljahren konfrontiert sahen, sondern auch noch mit Ehemännern, die ebenfalls eine Tendenz hatten zum Wechsel. Oft waren das dann sehr langwierige Prozesse, flankiert von Vertrauensbrüchen, Misstrauensattacken, reumütigen Rückbesinnungen und anschließenden Erschöpfungszuständen (auf allen Seiten).

Für all das benötigte meine Freundin sehr viel Kraft. Und weil ich ihr die keinesfalls nehmen wollte, zog ich mit ihr in den Kampf.

»Soll ich die Haare hochstecken oder sie offen lassen?« Barbara stand vor dem Spiegel in meinem Badezimmer. »Wenn ich sie offen lasse, sieht man die grauen Haare nicht so sehr. Aber wenn ich sie hochstecke, sehe ich grundsätzlich jünger aus, oder?«

»Auf jeden Fall sieht man dann mehr von deinem Hals!«

»Findest du, dass der schlimm aussieht?«

»Das habe ich doch überhaupt nicht gesagt!«

»Aber guck ihn dir doch an! Vollkommen zerknittert! Findest du, ich sollte ihn mir straffen lassen?«

»Aber nein, mein Liebe! Du hast doch einen wunderschönen Hals! Darum habe ich dich immer beneidet! Ein Hals wie bei einem Schwan!«

»Du spinnst doch, Anele! Dein Hals ist viel glatter als meiner!«

»Ich wiege ja auch bedeutend mehr als du!«

»Du willst mir also sagen, dass ich mehr Falten habe als du?«

»Das hast du doch selbst gerade gesagt!«

»Aber ich hoffte, du würdest mir widersprechen!« Barbara blickte zerknirscht in den Spiegel. »Was mache ich denn jetzt?«

»Du steckst dir die Haare hoch, dann malst du dir die Lippen an und wenn du willst, bindest du dir dieses Tüchlein um den Hals!« Ich reichte Barbara eines meiner Halstücher. Es zählte zu den besonders farbenfrohen. »Mit einem Halstüchlein sieht man gleich viel frischer aus! Schau!« Ich band mir selbst ein Tüchlein um den Hals. »Und jetzt gehen wir los!«

Eine halbe Stunde später standen wir vor einem Bürogebäude in Nymphenburg.

»Ich würde jetzt am liebsten eine rauchen!« Barbara war auf einmal ganz blass.

»Das fangen wir gar nicht wieder an, meine Liebe! Lieber atmen wir jetzt einmal ganz tief durch!« Ich vollzog eine kleine Atemübung mit Barbara und bin noch heute erstaunt, dass sie sich darauf eingelassen hat. Ja, und dann ging es los! Wir betraten das Gebäude, fuhren mit dem Fahrstuhl in den vierten Stock und standen dann vor einer riesigen Glastür.

»Da gehen wir jetzt rein!« Barbaras Augen blitzten. Sollte sie eben noch unentschlossen gewesen sein, war davon jetzt nichts mehr zu spüren.

»Können wir das denn einfach so machen? Da sitzt doch niemand!« Ich wies auf den verwaisten Tresen.

»Aber ich weiß den Türcode!« Barbara drückte auf den Ziffern so eines kleinen Kästchens herum, es ertönte ein Sirren und als sie gegen die Tür drückte, öffnete die sich widerstandslos.

»Die sind wohl alle in der Mittagspause«, stellte ich fest. »Vielleicht ist Rolf ja auch gar nicht da?«

»Das wollen wir doch mal sehen!« Energischen Schrittes lief Barbara den Gang hinunter. Und ich folgte ihr (nicht ganz so energisch).

»Du willst jetzt aber nicht einfach so in sein Büro reinplatzen?«

»Warum denn nicht? Im Krieg ruft man seinen Gegner ja auch nicht erst an, bevor man die Bombe abfeuert, oder?«

»Aber, meine Liebe, es geht ja auch um Selbstschutz! Wer weiß, was wir zu sehen bekommen, wenn wir jetzt sein Büro betreten?«

»Du meinst, er könnte uns nackt begegnen? Keine Sorge, dieser Anblick ist mir durchaus bekannt.« Barbara gab einen merkwürdigen Ton von sich und hatte dann auch schon die Klinke in der Hand (von der Tür, auf der ihr eigener Nachname stand).

Tja, und was glauben Sie, verehrte Lesende, was wir nun sahen? Ich will es Ihnen verraten!

Wir sahen einen Mann, schon ein wenig in die Jahre gekommen, und eine Frau, die zwar dreißig Jahre jünger sein sollte als er, aber nun, da sie uns erschrocken betrachtete, auf einmal auch recht alt aussah.

Beide lagen nicht etwa aufeinander (wie ich es befürchtet hatte), nein, sie saßen einander gegenüber an so einem kleinen Beistelltisch. Darauf standen mehrere geöffnete Edelstahldosen. Aus einer ragten Kohlrabischnitze heraus, aus einer anderen Kürbisspalten. »Ah, die Herrschaften speisen gerade zu Mittag?« Barbaras Stimme war laut, klang aber einigermaßen gefasst. »Das sieht ja sehr lecker aus! Und dick wird man davon auch nicht!« Barbara betrachtete die junge Dame (die nicht sehr schlank war, aber auch nicht besonders dick).

»Hallo, Rolf«, sagte nun ich (um die Situation ein wenig aufzulockern).

»Hallo, Anele! Wolltest du auch mal schauen, was ich zu Mittag esse?«

»Ja, das ist doch sehr interessant!«, sagte ich. »Und das haben Sie alles selbst zubereitet?« Ich zeigte auf eine der Edelstahldosen, in der sich so etwas wie ein Körnerbrei befand. »Oder hast du das gemacht, Rolf?«

»Nein, Luise hat das schon gestern Abend vorbereitet. Das ist übrigens Luise!« Rolf zeigte (mit einer gewissen Wohlgefälligkeit) auf die junge Frau. »Luise, das ist meine Frau. Und das ist ihre Freundin Anele!«

»Freut mich!« Luises Gesicht, eben noch kreideweiß, wechselte die Farbe.

»Mich nicht!« Barbara hatte die Hände in die Hüften gestemmt und ihre Stimme klang nun nicht mehr ganz so gefasst. »Ich möchte dich mal was fragen, du kleine Luise. Lässt du dich regelmäßig auf sexuell übertragbare Krankheiten testen?«

»Wie bitte?« Luises Gesicht wechselte erneut die Farbe.

»Barbara!« Rolf trat seiner Frau entgegen, als würde er befürchten, dass sie der kleinen Luise nun gleich den Hals umdrehte.

»Ich rede mit Luise! Und die soll doch wissen, dass wir noch miteinander schlafen. Oder Rolf? Und das mit den Kondomen hast du ja noch nie besonders gut beherrscht! Oder, Luise?« Barbaras Stimme war nun ziemlich laut und auch ihr Gesicht hatte die Farbe gewechselt. Gerne hätte ich sie am Ärmel gefasst und herausgezogen aus dieser unschönen Szene. Aber meine Freundin selbst musste das Spektakel beenden. Und das tat sie nun auch: »Außerdem isst Rolf diesen Mist hier nur, um dir zu gefallen, Luise. Wenn er nach Hause kommt, frisst er die ganze Salami auf!«

»Das stimmt doch überhaupt nicht! Was erzählst du denn da?« Nun wechselte auch noch Rolfs Gesicht die Farbe.

»Und ob du das tust! Und jetzt kannst du mich mal am Arsch lecken! Und du mich auch, du dumme Kuh!

Kommst du, Anele?«

Nachdem wir im Eiltempo zunächst das Büro und anschließend das Bürogebäude verlassen hatten, geriet ich außer Atem. »Nun warte doch bitte, Barbara«, rief ich. »Oder willst du, dass ich gleich in Ohnmacht falle?«

»Ich brauche jetzt Zigaretten!«

»Lass uns doch lieber noch eine Atemübung machen!«

»Hör mir auf mit dem Scheiß! Ich muss jetzt eine rauchen!«

Tja, was soll ich sagen, verehrte Lesende? Ich konnte Barbara nicht davon abhalten, eine Schachtel Zigaretten zu kaufen.

»Das ist die erste seit zehn Jahren! Ich hätte nicht gedacht, dass ich jemals wieder rauchen würde!« Barbara blies den Qualm in die Luft. »Aber ich habe mich auch noch nie so benommen! Um Gottes willen, Anele! Was hab ich denn da gemacht?«

»Du hast dich positioniert!«

»Aber das war doch entsetzlich peinlich! Vollkommen uncool, oder?«

»Ich bitte dich, meine Liebe! Wer ist denn in unserem Alter noch cool?«

»Aber für diesen Auftritt werde ich mich schämen bis an mein Lebensende!«

»So ein Quatsch! Du kannst stolz auf dich sein! Du hast diesen beiden Turteltauben ein bisschen die Suppe versalzen!«

»Das Quinoa!«

»Wie bitte?«

»Ich habe den beiden die Quinoa versalzen!«

»Richtig!« Nachdem ich den Scherz verstanden hatte, lachte ich herzlich. Und Barbara fiel mit ein. Wir lachten also gemeinsam. Und das war sehr schön! Tja, und dann hörte ich mich auf einmal diese Zeilen singen. *Glücklich ist, wer vergisst, was nicht mehr zu ändern ist.* Und auch da fiel Barbara mit ein. Und auch das war sehr schön.

Irgendwann lagen wir uns in den Armen, versicherten uns unserer Freundschaft und ich lud Barbara ein, mich auf meiner Reise nach Thailand zu begleiten.

Buch weggelegt,
losgelegt –
die Glücksaktion

Der Piccolo

Nun wird es heikel, verehrte Lesende. Wir beschäftigen uns nämlich mit Alkohol. Diejenigen unter Ihnen, die keinen trinken, hören bitte nicht auf zu lesen. Für Sie werde ich auch eine nichtalkoholische Variante bereithalten. Sollten Sie aber ein ganz und gar grundsätzliches Problem mit Alkohol haben, verstehe ich natürlich, wenn Sie das Kapitel lieber überspringen. Denn es geht mir schon auch um den Rausch. Allerdings keinen, der uns zu Dingen animiert, die wir bei klarem Kopfe niemals tun würden. Wir wollen uns schließlich nicht betrinken! Deshalb empfehle ich ja auch keine ganze Flasche, sondern nur ein Piccolöchen. Darin befinden sich 0,2 Liter und das ist eine Dosis, von der man keinen Vollrausch bekommt. Einen kleinen Schwips hingegen schon und der ist ja an dieser Stelle auch erwünscht. Wir wollen uns nämlich in einen anderen Aggregatzustand befördern. Sie verstehen gewiss, wie ich das meine? Das Eis auftauen oder das Wasser zum Kondensieren bringen – auf jeden Fall möchten wir, dass sich etwas verflüchtigt. Und dafür brauchen wir unser Piccolöchen!

Sie selbst bestimmen den Zeitpunkt. Am besten nicht auf nüchternen Magen, das bekäme Ihrem Kopf nicht gut und auch nicht der Magenschleimhaut. Ich trinke mein Piccolöchen ja immer gern nach getaner Arbeit. Also, im Grunde erst am Abend und mit einer guten Grundlage im Magen. Dann setze ich mich in meinen Sessel, im Sommer auch gern auf den Balkon, öffne mein Fläschchen und gieße den Inhalt in ein hübsches Gläschen (das Auge trinkt schließlich mit!), hebe das selbige und sage (laut und deutlich): »Wohlsein, Anele!« Ja, und dann prickelt es zunächst auf der Zunge und kurze Zeit später im Magen. Dort wird es warm, die Gedanken fangen an zu fliegen, vielleicht zurück in unsere Jugend – damals, als wir zum ersten Mal ein Gläschen tranken und davon ganz lustig wurden. Vielleicht denken wir aber auch an die Fußpflegerin mit den geschickten Händen oder den Paketboden, der immer so nett lächelt. Und überlegen uns, was wir täten, wenn sie oder er uns nun gegenübersäßen. Die Gedanken sind frei! Und unser Piccolöchen ist noch nicht geleert. Trinken wir es also in Ruhe aus und genießen wir unseren veränderten Aggregatzustand. Ja, und all das geht auch ohne Alkohol. Mixen wir uns eine schöne Limonade und tun etwas hinzu, was belebt, und auch etwas, was beruhigt. Beispielsweise ein bisschen Ingwer für den Schwung und eine Prise Lavendel zur Besänftigung. Trinken wir dies dann mit der entsprechenden inneren Haltung, gelingt mit Sicherheit auch hier eine Veränderung unseres Aggregatzustands.

Bleibt mir also nur noch zu sagen: Prösterchen und hoch die Tassen!

9

Das Auge klar, die Rede wahr,
die Seele rein,
so wirst du für alle Tage
glücklich sein

Volksmund

Wie halten Sie es denn mit der Wahrheit, verehrte Lesende? Zählen Sie zu denen, die sich stets aufs achte Gebot besinnen, das da lautet: »Du sollst nicht falsch Zeugnis reden wider deinen Nächsten«? Oder gestatten Sie sich von Zeit zu Zeit auch mal eine kleine Flunkerei? Denken Sie gern einmal darüber nach!

Aber lassen Sie mich nun erzählen von jemandem, der handfest gelogen hat und den Sie, verehrte Lesende, bereits kennen. Ich spreche von Rolf. Der tauchte nämlich, wenige Wochen nach unserer Begegnung in dem Nymphenburger Bürogebäude, plötzlich in meiner Praxis auf. Zunächst dachte ich, er wolle mich aushorchen. Schließlich hatte Barbara ihn ja hinausgeschmissen aus der Villa in Bogenhausen.

»Ich wollte meine Familie ja niemals verlassen«, teilte er mir auch sogleich mit. Und: »Ich liebe Barbara!« Rolf kratzte sich an dem kleinen Bärtchen, das er sich neuerdings stehen ließ. »Du hast doch sicher schon einmal etwas von Polyamorie gehört, Anele?«

»Selbstverständlich.«

»Und was hältst du davon?«

»Zunächst mal ist das ja ein weites Feld«, sagte ich. Das verschaffte mir einen gewissen Freiraum zum Nachdenken. Natürlich war Rolf nicht der Erste, der meine Meinung hören wollte zu einer Form von Nicht-Exklusivität in der ehelichen Beziehung. Meist waren es Männer gewesen, die sich von einem solchen Modell sehr viel versprachen, auch der Mann, den ich fast einmal geheiratet hätte, hatte sich hingezogen gefühlt zum Polyamourösen.

»Schau mal, Rolf«, sagte ich. »Wenn zwei Partner gemeinsam feststellen, dass sie sich eine Erweiterung ihrer Partnerschaft durch weitere Partner wünschen, kann ein solches Modell vielleicht gelingen. Aber auch nur dann, wenn es Regeln gibt und sich alle Beteiligten an diese Regeln halten. Verstehst du, was ich meine?«

Rolf nickte rasch und fasste sich auch jetzt wieder an sein Bärtchen.

»Du hast ja aber Barbara gar nicht informiert über die Gefühle, die du hegtest für Luise, und dich schließlich sogar ohne Barbaras Wissen eingelassen auf ein Verhältnis mit Luise. Das sehe ich doch richtig, Rolf?«

»Wenn du das so ausdrücken willst, Anele. Aber weißt du, warum ich nichts gesagt habe?« Rolf schaute mich erwartungsvoll an. Gab sich dann aber selbst die Antwort: »Weil ich sie schützen wollte!«

»Wen?«

»Barbara!«

»Aber das ist dir ja überhaupt nicht gelungen.«

»Was?«

»Barbara zu schützen.«

»Sie hat mir ja auch so schlimm nachspioniert.«

»Weil du sie angelogen hast.«

»Aber findest du das nicht unanständig, Anele, dass Barbara meine Privatsphäre so vollumfänglich missachtet hat?«

»Was genau meinst du jetzt?«

»Sie hat sich über alles hergemacht. Ins Handy geschaut, in meinen Terminkalender und selbst in meinen Laptop. Und dann ist sie auch noch in meinem Büro aufgetaucht!«

»Aber hättest du dich unter anderen Umständen nicht darüber gefreut?«

»Worüber?«

»Wenn deine Frau dir einen Besuch abstattet?«

»Nun, Anele, ich denke, da bringst du jetzt etwas durcheinander.«

»Nein, Rolf, das denke ich nicht.« Mittlerweile spürte ich, wie sich ein kleiner Schweißfilm auf meiner Oberlippe ausbreitete. Ich griff nach einem Schnäuztuch und tupfte ihn fort und ermahnte mich selbst zur Mäßigung. *Bleib ruhig, Anele.* »Du sagst, du würdest Barbara lieben, bist dann aber darüber erbost, wenn Sie bei dir im Büro auftaucht?«

»Um mich zu kontrollieren! Wenn man sich liebt, schenkt man einander doch Vertrauen!«

»Aber wie soll Barbara dir denn vertrauen, wenn du sie belügst?«

»Hätte ich ihr die Wahrheit gesagt, hätte sie mich doch rausgeschmissen.«

»Aber das hat sie ja nun auch getan.«

»Weil sie mir hinterherspioniert hat.« Rolf trommelte mit seinen Fingerspitzen auf seine Oberschenkel. Ein deutliches Zeichen von Nervosität! Und natürlich auch von innerer Anspannung.

»Rolf«, sagte ich deshalb in einem sehr ruhigen Tonfall. »Bist du eigentlich noch religiös?«

»Wie man's nimmt.« Er begann zu erklären, welche Rolle die katholische Kirche mal in seinem Leben gespielt hatte und dass er als junger Mann tatsächlich auch mal mit dem Gedanken geliebäugelt habe, Priester zu werden. »Aber das Zölibat hätte ich wohl nicht einhalten können.«

»Das glaube ich auch nicht. Aber dann kennst du ja sicher noch das achte Gebot?«

»Wo es um das Ehebrechen geht?«

»Nein, das ist das siebte Gebot. Ich rede von Lügen-Gebot!«

»Du sollst nicht falsch Zeugnis reden wider deinen Nächsten«, zitierte Rolf nun vollkommen korrekt. »Aber ich habe Barbara gegenüber ja kein falsches Zeugnis abgelegt. Ich habe ihr immer gesagt, dass ich sie liebe. Und das stimmt ja auch.«

»Aber du hast doch auch stets bestritten, dass es eine intime Beziehung gibt mit dieser Luise.«

»Ich wollte es ja auch beenden.«

»Und warum hast du es nicht getan?«

»Ich konnte es nicht.«

An dieser Stelle fragte ich nicht weiter nach. Vermutlich hatte es etwas zu tun mit den Dingen, die eine neunundzwanzigjährige Frau von einer fünfzigjährigen Frau unterscheiden, vielleicht aber auch einfach nur mit dem Gefühl, das Leben ginge noch einmal von vorne los, also mit der Aufhebung von Zeit und Raum (oder auch der von schütterem Haar und Sehschwäche).

»Ich konnte es einfach nicht.« Rolf sank zurück in seinem Stuhl. Und tat nun das, was er schon des Öfteren vor Barbara getan hatte (und wofür diese, wie sie mir mitgeteilt hatte, momentan kein Mitleid mehr empfand). Er weinte. Das war ja zunächst mal nicht schlecht. Zeigte es doch, dass Rolf berührbar war, wenn in diesem Falle vermutlich auch nur von seinem eigenen Leid. Aber das Mitleid, das wir mit uns selbst empfinden, hilft uns ja grundsätzlich auch, das Leid anderer Menschen anzuerkennen. Und natürlich erweckte Rolf nun auch mein Mitleid. Dabei erregte er doch eigentlich meinen Unmut! Umgarnt erst eine dreißig Jahre jüngere Frau, beginnt, als diese seinen Avancen erliegt, ein Verhältnis mit ihr und als die gehörnte Ehefrau den Braten zu riechen beginnt, wird sie von ihm der Spionage bezichtigt und entsprechend beschimpft.

»Kannst du denn nicht mal mit ihr reden, Anele?«

»Aber das tue ich ja bereits.«

»Natürlich. Aber nachdem sie bei dir war, hat sie mich rausgeschmissen.«

»Das war ganz allein ihre Entscheidung, mein lieber Rolf. Sie hat sozusagen die Reißleine gezogen.«

»Meinst du, sie würde mich wieder zurücknehmen?«

Ich befand mich nun, wie Sie sich vorstellen können, in einem gewissen Dilemma. Sagte ich Rolf, wie sehr Barbara litt, wäre er sich seiner Sache vermutlich wieder zu sicher und würde aufhören, um sie zu kämpfen. Erweckte ich aber den Eindruck, Barbara habe mit ihm gänzlich abgeschlossen, würde er sich womöglich vollends für Luise und ihre Kohlrabischnitze entscheiden.

»Barbara ist ja nicht dumm«, sagte ich also. »Sie weiß ja auch, wie es einem in einem bestimmten Alter danach verlangt, noch einmal jung sein zu dürfen. Sie selbst hätte sicher auch nichts dagegen, mit einem deutlich jüngeren Mann auszugehen.«

»Meinst du?« Rolf schaute nun – und ich möchte sagen, das ist typisch für einen Mann seines Alters! – fast ein bisschen beleidigt aus. Und so spann ich es nicht fort, dieses Szenario, in dem Barbara mit einem jungen Luis durchbrannte, sondern äußerte mich lieber noch einmal zur Perfidie des Lügens. »Schau mal, Rolf. Barbara hat dir vertraut. Durch deine Lügen ist dieses Vertrauen nun zerstört. Und das ist es, was sie dir übel nimmt.«

»Ich wollte sie doch nur schützen. Wie oft soll ich das denn noch sagen?«

»Aber du musst doch Folgendes verstehen: Als Ehepartner ist man füreinander so etwas wie ein Komplize. Man hat Geheimnisse vor der Welt, man macht sich lustig über andere Menschen, teilt vielleicht sogar kleine Perversionen miteinander. Und diese besondere Intimität hast du nun zerstört, indem du eine andere Frau zu deiner Komplizin gemacht hast. Luise wusste ja sicher, wie du Barbara ausgetrickst hast?«

Rolf nickte. Bedrückt, wie es mir schien. Zupfte auch wieder an seinem Bart herum. »Aber wie kann ich das denn wiedergutmachen?«

»Indem du nicht mehr lügst.«

»Und dann nimmt sie mich wieder zurück?«

Diese Frage beantwortete ich Rolf auch jetzt nicht. Ich wusste ja, wie sehr Barbara noch an ihm hing. Natürlich auch an der

Idee von einer intakten Familie. Was Rolf ja offensichtlich auch tat. Und hier sah ich nun einen Ansatz und gleichzeitig auch das Ende meiner Expertise.

»Weißt du was, Rolf«, sagte ich. »Ich bin Glückstherapeutin. Was das betrifft, habe ich mit Barbara schon ein wenig am Schräubchen gedreht. Und du selbst, lieber Rolf, hattest in den letzten Monaten sicher keinen Mangel an Glücksmomentos. Kurzum: Was ihr jetzt bräuchtet, ist ein Paartherapeut!«

»Du meinst also, wir sollten gemeinsam eine Therapie machen?«

»Genau das meine ich. Selbst dann, wenn ihr nicht zusammenbleiben wollt, wäre es sicher gut, jemanden zu haben, mit dem ihr eine Trennung besprechen könntet.«

»Aber ich will mich doch gar nicht trennen!«

Tja, so endete mein Gespräch mit Rolf. Tatsächlich beendete er kurze Zeit später die Geschichte mit Luise und suchte für sich und Barbara nach einer Paartherapeutin. Nach drei Sitzungen meinte er, nun seien sie geheilt. Und seither liegen Rolf und Barbara wieder gemeinsam auf ihrer Sitzlandschaft in der Villa in Bogenhausen. Rolf bemüht sich, stets die Wahrheit zu sagen, und Barbara hat festgestellt, dass ihr Mann zwar vieles, aber auch nicht alles wissen muss. Von unserer Begegnung mit Juan hat sie Rolf zum Beispiel nichts erzählt.

Buch weggelegt,
losgelegt –
die Glücksaktion

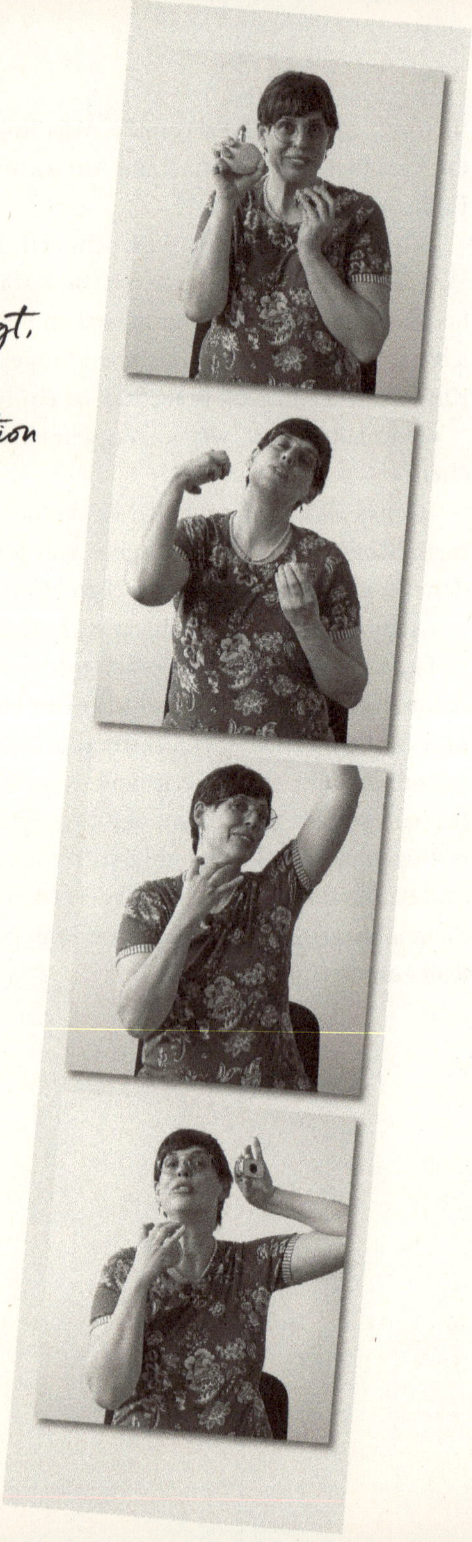

Der Duft

Widmen wir uns erneut der Sinnlichkeit. Und beschäftigen wir uns mit unserem Riechorgan! Schnuppern wollen wir nun allerdings nicht mehr an Petersilienbüscheln, sondern an echten Parfum-Flakons.

Wo fangen wir da an? Beim *Kölnisch Wasser*, mit dem sich schon unsere Großmütter erfrischten, oder bei *Chanel No 5*, diesem Klassiker der Duftkunst, den sich nicht nur Marilyn Monroe, sondern auch meine Mutter jahrelang hinter die Ohren tupfte?

Nun, sicher fragen Sie sich jetzt, wie ich es selbst halte mit den Düften. Das kann ich Ihnen sagen, verehrte Lesende! Was Parfums betrifft, lebe ich nicht monogam. Hier bevorzuge ich die Polyamorie. Das heißt, ich besitze eine ganze Batterie verschiedener Düfte. Und die trage ich natürlich auch regelmäßig auf. Je nach Befinden, Jahreszeit und Stimmungslage. Im Winter eher etwas Schweres und im Sommer dann eben etwas Erfrischendes. Aber da sollten wir uns nicht einschränken! Vielleicht verlangt es uns im Hochsommer nach Patschuli und zu Weihnachten nach etwas Zitronigem?

Nur zu! Tun Sie sich keinen Zwang an! Geben Sie Ihrer Nase Freiraum! Und lassen Sie uns nun anfangen mit einer beglückenden Aktion. Dafür holen wir alle Düfte, die wir besitzen, aus dem Schrank (oder wo auch immer sie sich gerade befinden). Entstauben müssen wir dabei vielleicht so manches Flakönchen, ja, und es wird auch einige geben, deren Zeit abgelaufen ist. Stellen Sie sich also darauf ein, dass wir uns verabschieden müssen von dem einen oder anderen Duft. Um die Nase bei ihrer Arbeit zu unterstützen, stellen wir uns auch ein Schälchen mit Kaffeebohnen bereit. Zwischendurch tauchen wir unser Näschen zur Neutralisierung immer wieder dort hinein.

Ja, und was entdecken wir nun alles? Das blumige Bukett, das wir uns in einer verrückten Laune im Italienurlaub kauften, vielleicht? Oder auch den Zedernduft, den wir eigentlich dem Liebsten schenken wollten, ihn dann aber doch lieber für uns selbst behielten? Gemeinsam mit unserer Nase schwelgen wir nun also in mannigfaltigen Erinnerungen. Manches geht uns dabei mit Sicherheit ans Herz. Für diesen Fall halten wir natürlich auch genügend Schnäuztücher bereit. Und vielleicht entdecken wir ja nun auch eine alte Liebe wieder, einen Duft, den wir irgendwann ablegten, der uns nun aber wieder aufs Neue betört? Alles möglich, verehrte Lesende, und alles erwünscht!

Vermutlich stellt sich nun eine ganz neue Ordnung ein bei unseren Parfums. Diejenigen, deren Zeit abgelaufen ist – das wird uns die Nase untrüglich verraten! –, entsorgen wir ordnungsgemäß, also am besten im Glascontainer. Und alle anderen reihen wir so auf, dass wir jetzt noch besseren Zugriff haben auf die, die wir jetzt bevorzugt verwenden wollen. Kurzum: Wir haben zugleich entrümpelt und aufgerüstet!

Wollen wir, was Letzteres betrifft, noch einen Schritt weitergehen, begeben wir uns als Nächstes in eine Parfümerie. Hier haben Sie wieder die freie Wahl: Bevorzugen Sie persönliche Beratung in einem eher kleinen Laden mit genügend Fachpersonal oder schnuppern Sie lieber allein in so einem großen Kaufhaus, wo Sie zunächst mal niemand behelligt? Ich weiß mit beidem etwas anzufangen.

In der kleinen Parfümerie in meiner Nähe kennt man mich schon. »Frau Gilhu«, ruft man da, wenn ich auftauche. »Wir haben wieder was Neues für Sie!«

»Ach was!«, sage ich dann und lasse mir die Neuheit auf so ein Duftkärtchen sprühen. Auf mein Handgelenk gelangt ein Duft nur dann, wenn meine Nase ihn auf dem Duftkärtchen erträgt.

Denn den schleppe ich dann ja den ganzen Tag mit mir herum. Das empfehle ich ohnehin! Schlagen Sie nicht zu schnell zu beim Düftekauf! Tragen Sie ihn erst einmal spazieren, nehmen Sie wahr, wie die Mitmenschen auf Sie reagieren. Schnuppern sie eher neugierig oder rümpfen sie die Nase? All das will bedacht und wahrgenommen sein! Aber für unseren beglückenden Moment müssen wir auch gar nichts kaufen. Im großen Kaufhaus schnopern wir einfach ein wenig herum. Halten unser Näschen mal an diesen, mal an jenen Flakon. Besprühen vielleicht selbst das eine oder andere Duftkärtchen und nehmen es mit nach Hause. Dort haben wir vielleicht so etwas wie ein Karteikästchen, in dem wir unsere Duftkärtchen ablegen. So haben wir auch hier, wenn uns mal etwas stinkt, immer eine kleine Freude für unsere Nase. Und die Nase, verehrte Lesende, steht ja in direkter Verbindung mit unserem Gehirn. Ist sie erfreut, beglückt das sozusagen auch unsere Gedanken!

10

*Jeder ist seines
Glückes Schmied,
aber nicht jeder hat
ein schmuckes Glied*

Dichter unbekannt

Ja, dieser Satz, verehrte Lesende, hat für Furore gesorgt! Als ich ihn erstmalig auf Instagram vortrug, waren die Lacher beziehungsweise die Lachenden natürlich auf meiner Seite. Und ich selbst habe ja auch sehr lange gekichert, als ich das Sprüchlein fand. Was für ein gelungenes Wortspiel, dachte ich zunächst, darauf muss man ja erst mal kommen, nicht wahr? Aber je länger ich kicherte, umso mehr erschloss sich mir dann auch noch ein sehr viel tieferer Sinn dieses prächtigen Reims. Letztlich geht es hier ja auch gar nicht um das Glied! Oder wie würden Sie sagen? Den Schwanz, den Penis, den Pillermann? Das Glied bezeichnet, darauf können wir uns sicher verständigen, das männliche Geschlechtsorgan. Ja, und auch das wird mitunter nach seiner Schönheit bewertet. Ist es gerade gewachsen oder vielleicht besonders originell gekrümmt? Ein langer Stecken oder eher ein kurzes Stäbchen? Ich möchte hier überhaupt keine Wertung vornehmen. Die Schönheit liegt wie immer im Auge des Betrachters beziehungsweise der Betrachterin! Aber auch der Gliedträger kann ein gewisses Ungenügen empfinden, wenn er sein eigenes Glied betrachtet. Womöglich hat er schon mal eines gesehen, das er als schöner empfand. Vielleicht hat auch schon mal jemand zu ihm gesagt: »Oh, dein Glied ist aber nicht besonders schön.«

Die Geschlechtsorgane gehören zwar zu unserem Intimbereich, sind aber von einer kritischen Betrachtung durch andere Personen nicht ausgeschlossen. Ergo: Unsere Geschlechtsorgane bilden einen nahrhaften Boden für Komplexe. Meist lässt sich ja an ihnen auch nichts ändern. Nun gut, heutzutage kann man einen Busen vergrößern und, wenn mich nicht alles täuscht, auch einen Penis verlängern – aber gehen wir einmal davon aus, dass es sich bei diesen Maßnahmen um ebenso schmerzhafte wie kostspielige Prozeduren handelt und nur ein Bruchteil der Personen, die nicht zufrieden sind mit ihrem Glied, sich einer solchen Maßnahme unterziehen würde. Bleibt also der große Prozentsatz der Unzufriedenen, die sich arrangieren müssen mit ihrem *nicht schmucken Glied.* Und hier gilt es nun, nicht den Hobel, aber den Hebel anzusetzen! In meiner Sprache gesprochen: am Schräubchen zu drehen! Aber wie machen wir das? Ganz einfach: Setzen wir uns erst mal hin und betrachten unser Glied.

(Ich spreche jetzt immer vom Glied, meine damit aber stets auch den Busen, die Nase oder vielleicht auch den Po – sämtliche Körperteile also, mit denen wir unzufrieden sein können.)

Und fangen wir dann an, mit ihm zu sprechen. *Wie geht es dir heute? Was wünschst du dir für diesen Tag?*

Fragen also, die wir auch selbst gern hören würden, weil sich in ihnen Interesse verbirgt und Wertschätzung. Möglicherweise erhalten wir auf sie keine Antwort, zumindest keine verbale. Vielleicht verändert sich aber die Farbe des Glieds oder die Form. Es handelt sich hier ja um durchblutete Körperteile und somit um etwas Lebendiges!

Und ich verspreche Ihnen, verehrte Lesende, es wird sich etwas ändern im Umgang mit Ihrem Glied! Auch wenn Sie es vielleicht nicht gleich als schmuck empfinden werden, nur weil sie mit ihm gesprochen haben, werden Sie aber feststellen, dass es seinen ganz eigenen Charakter besitzt und somit seine ganz eigene Schönheit.

So geht es mir ja auch mit meinen Zähnen! Was sind die groß, nicht wahr? Und was habe ich mir ihretwegen schon alles anhören müssen. Von Gisela glücklicherweise nicht, denn die besitzt ja quasi ein identisches Gebiss. Aber in der Schule, ach Gott, da gab es diese beiden Jungen, die hinter mir saßen in der sechsten Klasse und immer, wenn ich mich zu ihnen umdrehte,

schoben sie ihre Zähne über die Unterlippe und machten dazu solche Bewegungen, als seien sie zwei Hasen und würden an einer Möhre knabbern.

Eine Zeit lang ließ ich mir das gefallen. Dann aber reichte es mir und ich tat mich zusammen mit Gisela. Die war ja schon in der achten Klasse und entsprechend Furcht einflößend für uns Sechstklässler. Nach der Schule versteckten wir uns eines Tages im Gebüsch, das den Heimweg der beiden Rabauken begrenzte, und als sie dann auftauchten, stürmten wir hervor wie zwei riesige Hasen, bleckten unsere Zähne und sagten in bedrohlicher Stimmlage (zu der vor allem Gisela fähig war): »Macht ihr euch noch einmal lustig über unsere Zähne, dann beißen wir euch den Pimmel ab!«

Ja, verehrte Lesende, das haben wir tatsächlich gesagt. Und die beiden Jungs liefen erst rot an, wurden dann aber ganz weiß, rannten schließlich davon und haben es nie wieder gewagt, mich aufgrund meines Gebisses verächtlich zu machen. Eine Erfolgsgeschichte also und ich habe immer daran gedacht, wenn mir im späteren Leben mal wieder jemand das Gefühl gab, mit meinen Zähnen würde etwas nicht stimmen.

Bei all den vielen lieben und zuneigungsvollen Kommentaren, die Sie mir, verehrte Lesende, zukommen lassen, taucht ja hin und wieder auch eine Beleidigung auf. Und nicht selten gilt die meinen Zähnen! Aber wissen Sie was, darüber ärgere ich mich gar nicht mehr. Meist schreibe ich dann so etwas wie: *Herzlichen Dank für Ihren Kommentar! Es freut mich, dass Sie meine Arbeit begleiten. Wie es scheint, ist Ihnen aber eine Laus über die Leber gelaufen. Wenn Sie darüber berichten möchten, antworte ich Ihnen gern. Und im Übrigen sind meine Zähne echt, zudem kerngesund und ich mag sie sehr gern.*

In den allermeisten Fällen folgt dann so etwas wie eine peinlich berührte Entschuldigung.

Und somit kommen wir nun auch schon zum Schluss dieses Kapitels. Wir haben also festgestellt: Es liegt in unserer Hand, mit welcher Haltung wir durchs Leben gehen. Glück und Unglück werden von uns eigenhändig geschmiedet. Und das, was dann folgt – *Nicht jeder hat ein schmuckes Glied* –, sollten wir keineswegs als Einschränkung des ersten Satzes auffassen, sondern als Erweiterung!

Natürlich ist zunächst mal nicht jeder als Adonis geboren, aber ob wir uns selbst als schmuck empfinden, liegt nicht an einer Betrachtung von außen, sondern ganz allein an uns selbst. So sage ich mir selbst zum Beispiel: Anele, du hast ein schmuckes Gebiss! Ja, es geht darum, unseren Körper und seine Einzelteile lieb zu gewinnen, und haben wir das geschafft, fällt es nicht mehr schwer zu sagen: Ich habe sie lieb und ich finde sie schön! Den krummen Stecken genauso wie die hängende Tulpe.

Buch weggelegt,
losgelegt –
die Glücksaktion

Das Rennen

Nun glauben Sie mal nicht, ich würde joggen. Das habe ich im Laufe meines Lebens immer mal wieder probiert, aber stets festgestellt: Anele, du bist keine Läuferin! Zunächst lief ich zu schnell und geriet nach kurzer Zeit aus der Puste, später versuchte ich mich in einem so langsamen Trab, dass mich selbst normale Spaziergänger überholten. Und spätestens nach drei Laufeinheiten taten mir dann nicht nur die Knie weh, sondern auch der Rücken.

So ließ ich es also bleiben mit dem Laufen. Besann mich auf meine Spazierstöcke, mit denen gehe ich gern ins Gebirge und gelegentlich auch durch die Münchner Innenstadt. Walther war von den Stöcken zunächst irritiert, hielt er sie ja vermutlich für Wurfgeschosse, mittlerweile hat er sich aber an sie gewöhnt.

Ja, und Sie, verehrte Lesende, fragen sich nun vermutlich, warum ich unsere Glücksaktion dennoch mit dem Begriff *Rennen* überschrieben habe. Das will ich Ihnen sagen: Erst kürzlich traf ich wieder auf Herrn Hoff. Und erfuhr von ihm, dass er sein Leben lang gelaufen ist. Also, Herr Hoff hat nicht nur diverse Marathons absolviert, sondern sogar an einem sogenannten Iron Man teilgenommen. Dafür musste er drei Kilometer schwimmen, 200 Kilometer Rad fahren und 42,195 Kilometer laufen. Können Sie sich das vorstellen? Ich nicht! Mittlerweile kann sich Herr Hoff das selbst nicht mehr vorstellen. »Das macht mein Iliosakralgelenk nicht mehr mit.« Ein wenig betrübt schaute er schon drein, der Herr Hoff, als er mir das erzählte. Und ich stellte einen Zusammenhang her zwischen dem Ende der Läuferkarriere von Herrn Hoff und seinem Interesse an blutjungen Damen.

»Aber wissen Sie, was immer geht, Frau Gilhu?«, brachte Herr Hoff nun meine Gedankengänge durcheinander. »Ein kurzer Sprint!«

»Ach was!«

»Ja, tatsächlich, Frau Gilhu. Probieren Sie das mal aus! Rennen Sie einfach mal, so schnell Sie können, ungefähr 400 Meter. Und ich verspreche Ihnen: Sie fühlen sich danach wie ein neuer Mensch.«

»Aber ich kann doch gar nicht schnell rennen!«

»Das macht ja nichts! Sie rennen so schnell, wie *Sie* können. Verstehen Sie? Und dann hören Sie einfach wieder auf!« Herrn Hoffs Augen leuchteten. »Wollen Sie es nicht gleich mal ausprobieren?«

»Ach nein«, sagte ich. »Das geht mir jetzt ein bisschen zu flott, Herr Hoff.«

Tatsächlich ließ mich der Gedanke an das Rennen aber nicht mehr los. Und so probierte ich es aus an einem frühen Sonntagmorgen im Englischen Garten. Während Walther fröhlich über die Wiese rannte, raste ich los. So schnell ich konnte. Als wäre ich von einer Tarantel gestochen oder als befände sich hinter mir eine Horde wilder Affen. Nun, aber weil das gottlob nicht so war, blieb ich, als mir die Puste ausging, einfach stehen. So wie Herr Hoff es gesagt hatte. Und was glauben Sie, wie ich mich fühlte? G.R.A.N.D.I. O.S.! Ungefähr so, als hätte ich in der Sauna einen Aufguss absolviert und wäre danach in ein Eisbecken gesprungen. Also, in einem vollkommen anderen Aggregatzustand als noch gerade eben (bevor ich losgerast war). Und da ich nun aber nur knappe 200 Meter gerannt war, hatte ich meinen Bewegungsapparat ja nicht lang anhaltend beansprucht – sprich: Die Belastung von Rücken und Knien war mäßig und entsprechende Beschwerden blieben aus.

Nun ist es an Ihnen, verehrte Lesende: Probieren Sie es selbst einmal aus! Rasen Sie einfach los! Vielleicht nicht unbedingt in der vollen Fußgängerzone, aber gerne auf dem Grünstreifen, der sich vor Ihrem Haus befindet, oder durch den nächstgelegenen kleinen Park. Sie tun nicht nur Ihrem Herz-Kreislauf-System etwas Gutes, sondern auch Ihrem Nervenkostüm. Denn: Alles, was eben noch im Kopf drin war, wird durch so einen kleinen Sprint erst einmal davongeblasen.

Bleibt mir nur noch zu sagen: Auf, auf zum flotten Lauf!

11

*Glück ist Liebe,
nichts anderes.
Wer lieben kann,
ist glücklich*

Hermann Hesse

Ach Gott, die Liebe! Ja, verehrte Lesende, da erwischen Sie mich nun gewissermaßen auf wackeligem Grund. Denn ich selbst bin ja weder verheiratet noch geschieden. Und kenne aus meiner Praxis (leider!) genügend Geschichten von gescheiterten Beziehungen. Natürlich zeigt sich die Liebe nicht nur in Form einer Verbindung zwischen zwei Menschen, die einander begehren – ich kann auch Liebe empfinden für meine Eltern, meine Geschwister oder eben auch für meinen Hund. Oder fragen Sie mal eine Nonne! Die wird Ihnen sagen, dass ihr die Liebe ausreicht, die sie für den Herrn Jesus empfindet (der vor über 2000 Jahren gestorben ist). Nun, dennoch sehnen sich fast alle von uns nach einer partnerschaftlichen Beziehung. Besuchen deswegen Internetportale wie Parship oder Tinder, gehen zu Tanzfesten, bei denen nur Singles eingeladen sind, oder treffen sich auch bei so ominösen Veranstaltungen wie Speed-Dating.

Ja, und genau davon möchte ich Ihnen nun berichten. Von einer Frau, die in etwa so alt ist wie ich und die sich mitten in den Wechseljahren noch einmal auf die Suche begeben hat nach einem Mann. Nennen wir sie Frau Henning.

Frau Henning kam also eines Tages in meine Praxis und sagte folgenden Satz:

»Ich bin auf der Suche nach einem Mann, nehme das aber, glaube ich, viel zu ernst.«

»Nun«, sagte ich. »Eine gewisse Ernsthaftigkeit ist da sicher von Vorteil. Sie suchen ja nicht einen Spielkameraden, sondern einen Lebenspartner!«

»Das ist richtig. Aber je mehr ich es mir wünsche, umso weniger klappt es. Ich bin wohl einfach zu verbissen.«

»Gut, Frau Henning, dann schauen wir uns doch mal an, was Sie bisher unternommen haben.«

Nun folgte, wie Sie sich denken können, eine lange Erzählung. Ich bemühe mich hier jetzt um eine sinnvolle Zusammenfassung: Frau Henning war nach einer gescheiterten Ehe in eine Beziehung mit einem Kollegen gerutscht, den sie einmal sehr bewundert hatte. »Aber wissen Sie, Frau Gilhu: Dieser Mann war die Enttäuschung meines Lebens.« Ich fragte natürlich nach, wovon Frau Henning so enttäuscht wurde, und erhielt darauf folgende Antwort: »Ich dachte, ich könne mit diesem Mann vom Boden abheben, aber am Ende war es ihm nur wichtig, am Abend seine Kaffeetasse für den nächsten Morgen unter die Senseo-Maschine zu stellen.«

»Verstehe.« Natürlich fragte ich mich auch, was so schlimm daran war, vorausschauend zu handeln. Ich selbst decke ja mitunter auch schon am Abend den Küchentisch ein für mein Frühstück. Und wissen Sie, warum? Weil ich mich darauf freue! Gut, für Frau Henning war der Umstand, dass der Mann, mit dem sie zusammenlebte, bereits Gedanken an den nächsten Morgen verschwendete, ein Beleg dafür, dass er die Gegenwart mit ihr nicht genoss. In ihrer romantischen Vorstellung von einer erfüllten Partnerschaft verschmolz man im Zusammensein mit dem Partner quasi im Augenblick. Ein wenig naiv, wenn Sie mich fragen, aber diese Überlegungen teilte ich Frau Henning nicht mit. Es galt ja nun, voranzukommen in ihrer Geschichte, und die Beziehung mit dem Mann, der seine Kaffeetasse bereits am Abend unter die Senseo-Maschine stellte, gehörte ja auch bereits der Vergangenheit an. Frau Henning selbst hatte den Schlussstrich gezogen, kurz vor ihrem zweiundfünfzigsten Geburtstag. »Und dann stand ich vollkommen allein da.«

»Aber Sie haben doch auch Kinder?«

»Aber die brauchen mich ja nicht mehr.« Der Sohn hatte bereits ein Studium begonnen, die Tochter machte gerade ihr Abitur. Nun hätte sich Frau Henning also erst mal auf sich selbst besinnen können. Wieder zu sich finden nach den Jahren des Kümmerns und der Verantwortung. Aber eine solche Phase gestattete sich Frau Henning nicht. »Wenn ich noch lange gewartet hätte, Frau Gilhu, hätte mich doch kein Mann mehr angeguckt. Schauen Sie mal. Es hängt ja schon alles!« Frau Henning zog an ihrem Oberarm und wollte mir auf diese Weise wohl ihre schlaffer werdende Haut präsentieren.

In diese Falle tappte ich aber nicht! Ich sagte also nicht: *Ach Frau Henning, nun übertreiben Sie mal nicht, Sie haben doch wunderbar muskulöse Oberarme! Schauen Sie mal die meinigen an, dann wissen Sie, warum es den Begriff Winkfleisch überhaupt gibt.* Das hätte ja nichts gebracht. Wir Frauen tyrannisieren uns ja bereits genug mit diesem abschätzigen Blick auf uns selbst. Fängt man dann an, sich gegenseitig zu sagen: *Schau erst mal mich an,* begibt man sich ja auf ein solches Niveau, von dem wir annehmen, dass sich die Männer darauf bewegen. Können Sie mir noch folgen? Nun, ich ließ Frau Henning erst mal weiterreden und hakte erst wieder ein bei dem Punkt ihres Scheiterns bei Parship. »Wenn ich mein Foto hochgeladen habe, waren die Kerle noch begeistert, trafen wir uns aber, nahmen sie Reißaus.«

»Tatsächlich? Ich dachte, man hätte es da mit Menschen zu tun, die über ein gewisses Maß an Bildung verfügen.«

»Ach, Frau Gilhu, das hat mit Bildung wenig zu tun. Ich hatte beispielsweise Kontakt zu einem Professor, der mir beim Treffen sagte: »Ich hätte Sie mir jünger vorgestellt«.«

»Das ist ja grauenhaft.«

»Sage ich doch.«

»Aber gab es denn ausschließlich solche Kontakte?«

»Nun ja. Mit einem kam ich dann doch zusammen.«

»Ach ja?«

»Ja, aber das ging schnell vorbei. Und wissen Sie, warum? Ich war ihm zu gläubig!«

»Tatsächlich? Aber das hat er doch vermutlich schon gewusst, als er Sie kennenlernte? Oder haben Sie das vor ihm verborgen?«

»Natürlich nicht, Frau Gilhu. Ich bin sicherlich nicht sehr fromm. Aber ich gehe gerne in die Kirche.«

»Das ist ja auch überhaupt nicht schlimm.«

»Eben. Aber als ich anfangen wollte, ein Tischgebet zu sprechen, wurde Armin plötzlich komisch.«

»Das war ihm wohl zu viel.«

»Ja. Und dann sagte er auf einmal, seine Kinder würden mich nicht mögen.«

»Aber Sie hatten einen anderen Eindruck?«

»Nun ja, es war jetzt nicht besonders harmonisch, wenn seine Kinder zu Besuch kamen, aber gewisse Anlaufschwierigkeiten sind doch vollkommen normal?«

»Unbedingt. Aber Sie meinen, Armin habe seine Kinder vorgeschoben, obwohl eigentlich er es war, der Sie ablehnte?«

»Genau so, Frau Gilhu! Ganz genau!« Frau Henning geriet nun richtig in Fahrt. »So ähnlich war es dann auch bei Knut und bei Wolfgang.«

»Mit denen pflegten Sie ebenfalls Beziehungen?«

»Wenn man das so nennen will. Beide Geschichten dauerten etwa drei Wochen. Danach war Schluss.«

»Weil die Herren es so wollten?«

»Ja, Knut sagte, ich würde zu viel reden, und Wolfgang sagte, ich sei ihm zu ernst. Können Sie sich das vorstellen?«

Eine heikle Frage! Natürlich konnte ich mir vorstellen, dass ein Mann zu einer Frau wie Frau Henning sagt, dass sie zu viel redet. Und dass sie nicht zu den humorvollsten Menschen zählte, die mir je begegnet waren, verstehen Sie sicher auch, verehrte Lesende. Aber sollte ich ihr das sagen? Nein! Meine Aufgabe war es, Frau Henning die Stange zu halten und sie grundsätzlich zu bestärken in der Annahme, dass sie es wert war, geliebt zu werden. Darum geht es doch letztendlich. Wir begeben uns auf die

Partnersuche, weil wir geliebt werden wollen. Aber das ist ein Fehler! Wir müssen erst einmal anfangen, uns selbst zu lieben. Haben wir das geschafft, sind wir nicht mehr so bedürftig. Und das macht uns dann wieder attraktiv für andere Menschen. In diese Richtung galt es nun zu arbeiten mit Frau Henning. Subtil natürlich, nicht mit der Brechstange.

»Was erwarten Sie denn jetzt eigentlich von mir, Frau Henning?«

»Nun, Sie wurden mir empfohlen, weil Ihnen zu allem eine Lösung einfällt. Und weil Sie eben nicht so ernst sind. Finden Sie nicht auch, dass ich ein bisschen mehr Leichtigkeit gebrauchen könnte?«

»Oh, ja, das würde ich mir sehr wünschen für Sie. Aber es hilft ja nichts, wenn ich Ihnen jetzt einen Witz erzähle, oder?«

»Vermutlich nicht.«

»Sehen Sie. Und deshalb schlage ich Folgendes vor: Wir gehen gemeinsam auf Partnersuche!«

»Suchen Sie denn auch einen Partner?«

»Gott bewahre! Ich habe meinen Walther und das reicht mir momentan vollkommen aus.«

»Wie schön!«

»Ja, das ist wirklich ein Glück. Aber für Sie stelle ich es mir sinnvoll vor, wenn Sie nicht immer allein sind bei Ihren Unternehmungen. Sie verkrampfen dabei ja völlig. Und diesen Krampf wollen wir lösen!«

»Indem Sie mich begleiten?«

»Genau. Lassen Sie uns doch mal gemeinsam zu so einer Veranstaltung gehen, wo man sich kennenlernt. Dann setzen wir uns erst mal zusammen hin, sondieren die Lage und Sie haben in mir so etwas wie einen Rückzugsort. Einen sicheren Hafen sozusagen. Verstehen Sie?«

Ich darf sagen: Wir haben nicht lange gefackelt! Bereits am darauffolgenden Sonntag begab ich mich gemeinsam mit Frau

Henning zu einer entsprechenden Tanzveranstaltung. Ausgerichtet von einer ortsansässigen Tanzschule, fand man sich dort ein als alleinstehende Person, begab sich an kleine Tischchen, auf denen sich bereits ein wenig Gebäck befand, und wartete dann dort auf eine Aufforderung zum Tanz. Wollte man etwas trinken, gab man eine entsprechende Bestellung auf.

»Genehmigen wir uns doch erst mal ein Gläschen Sekt, was?«, schlug ich vor. Frau Henning war ja schon wieder vollkommen verkrampft. Zwar sehr chic gekleidet mit einem kurzen Rock, der weit über den Knien endete, hohen Stiefeln (mit Absatz!) und einer Art Bolero-Jäckchen, sah Frau Henning dennoch aus wie ein verschrecktes Huhn.

Ich hingegen hatte mich ganz normal angezogen. Trug also eine meiner Wohlfühlhosen, ein Blüschen (mit floralem Muster) und bequemes Schuhwerk. Natürlich hatte auch ich ein wenig Farbe aufgetragen. So leuchteten meine Lippen in Hibiskusrot und die Wangen hatte ich mit diesem schönen Farbton auch ein wenig betupft. »Sie sehen ja richtig frisch aus«, lautete der diesbezügliche Kommentar von Frau Henning.

Sie hatte sich ebenfalls geschminkt, aber sehr viel umfangreicher als ich. Leider tat ihr das nicht gut. Sie kennen das vielleicht, verehrte Lesende: Schminken wir Frauen uns allzu ausgiebig, verlieren unsere Gesichter ihre Lebendigkeit. Und ab einem gewissen Alter muss man da besonders aufpassen. So manche Falte wird erst richtig sichtbar durch ein vermeintlich abdeckendes Make-up und ein allzu greller Lippenstiftton macht aus uns eher einen traurigen Clown als eine reife Schönheit. Denn darum geht es ja: Wir sind vielleicht nicht mehr die zarten Knöspchen, dafür aber reife Früchte! Von denen möchte auch mancher noch naschen. Wie sehr, erlebten wir nun auch bei unserem Tanztee.

Allerdings ein wenig anders als erwartet. Zunächst mal aber saßen wir da und tranken unser Gläschen Sekt. »Wohlsein, Frau Henning«, sagte ich. »Auf das Leben!«

»Und auf die Liebe!« Frau Henning schlug ihren Kelch gegen den meinigen. In ihren Augen funkelte eine gewisse Verbissenheit. »Was meinen Sie? Finde ich heute einen Mann fürs Leben?«

»Ach, Frau Henning«, sagte ich. »Hängen Sie die Latte doch nicht gleich so hoch. Wir wollen uns doch einfach ein wenig vergnügen. *Das Glück kommt oft, aber meist doch unverhofft.*« Das Sprüchlein glitt mir mal eben so über die Lippen.

»Ja, aber irgendwann muss es doch passieren. Sonst ist ja gar nichts mehr an mir dran.« Frau Henning zeigte auf ihre Brust. Ein gut sitzender BH bescherte ihr ein sehr ansprechendes Dekolleté.

Aber auch darauf ging ich nicht ein. Stattdessen sagte ich: »Die Anziehung zwischen Mann und Frau beruht nicht nur auf Äußerlichkeiten, das wissen Sie doch, Frau Henning? Was mochte denn der Mann, mit dem Sie verheiratet waren, an Ihnen am liebsten?«

»Meinen Hintern.«

»Tatsächlich?«

»Ja, er sagte immer, ich hätte den schönsten Hintern der Welt.«

»Nun, das ist ja erst mal ein hübsches Kompliment.« Ich dachte nach. »Aber gab es nicht auch noch etwas anderes als Ihren Hintern, das Ihr Mann an Ihnen mochte?«

»Das weiß ich gar nicht mehr, Frau Gilhu. Wir haben uns zum Schluss ja nur noch gestritten. Und er meinte ja auch, ich nähme immer alles so ernst.«

»War das denn eigentlich schon immer so, Frau Henning?«

»Was?«

»Dass man Sie als einen besonders ernsthaften Menschen wahrgenommen hat.«

»Nun, wissen Sie, Frau Gilhu, das kam im Grunde mit der Geburt meiner Kinder. Auf einmal verspürte ich sehr viel Angst.«

»Und Sie betrachteten die Welt mit einem entsprechend besorgten Blick?«

»Genau. Der Zustand unserer Welt ist ja auch nicht der allerbeste. Und die Vorstellung, meine Kinder würden in eine Welt hineinwachsen, die irgendwann untergeht, hat mich auch dazu veranlasst, mein Leben umzustellen.«

»Ach ja?«

»Ja. Ich habe aufgehört, Fleisch zu essen, seit zwei Jahren ernähre ich mich sogar vegan. Ich vermeide Müll, verzichte auf Flugreisen und wenn ich mal ein Auto brauche, nutze ich Carsharing.«

»Das ist ja wirklich beachtlich, Frau Henning! Da könnte ich mir ein Scheibchen abschneiden. Ich esse natürlich auch nicht jeden Tag Fleisch, aber auf so eine schöne Leberkässemmel würde ich doch nur ungern verzichten.« Ich leckte mir über die Lippen und schnappte mir eins von diesen Kekschen, die auf unserem Tisch herumstanden. »Gibt es denn auch etwas, das Sie sich regelmäßig gönnen?«

Die Frage konnte Frau Henning leider nicht mehr beantworten, denn nun stand auf einmal ein Herr vor uns. Frau Henning war schon drauf und dran, sich zu erheben, aber der Herr wandte sich an mich: »Darf ich bitten?«

Sie können sich denken, was nun geschah, verehrte Lesende: Ich verlor ein wenig die Fassung. Denn damit hatte ich – das dürfen Sie mir glauben! – nicht gerechnet.

Ich fing erst mal an zu lachen (wie immer, wenn mich eine Situation überfordert) und sagte dann aber: »Warum nicht?« Ich stand auf und ließ mich von dem Herrn zur Tanzfläche geleiten. Sie können sich denken, dass er nicht aussah wie Brad Pitt. Eher so wie Karl-Heinz Köpcke. Kennen Sie den noch? Lange Jahre war er Chefsprecher der *Tagesschau* gewesen und wurde dann abgelöst von Werner Veigel. Nun, mein Karl-Heinz Köpcke schob mich also übers Parkett, gottlob zu einem langsamen Walzer, ein Foxtrott gleich zu Beginn hätte mich doch ein wenig überfordert.

»Wie heißen Sie denn, wenn ich fragen darf?«

»Gilhu. Anele Gilhu.«

»Das ist aber ein ungewöhnlicher Name. Den Namen Anele habe ich noch nie gehört. Ist das eine Abkürzung?«

»Nicht dass ich wüsste. Meine Eltern haben mich auf diesen Namen getauft und ich habe es nie hinterfragt.« Ich antwortete, wie Sie merken, ein wenig steif. Aber ich muss gestehen, ich war auch ein wenig verunsichert. Durch seine altmodische Brille wirkte der Blick, mit dem mich Karl-Heinz Köpcke betrachtete, besonders durchdringend. Und ich war ja, wie ich bereits erwähnte, gar nicht eingestellt auf eine solch nahe Begegnung mit einem Mann. Natürlich hatte ich am Morgen geduscht und mir auch das Haar gewaschen, aber man wusste ja nie, wie man gerade roch. Und zur Mittagszeit hatte ich einen Wurstsalat gegessen – so einen mit Fleischwurst und dicken Zwiebelringen. Das schien Herrn Köpcke aber nicht zu stören. Sein Gesicht kam meinem recht nah und er schob mir auch seinen Unterleib entgegen. Natürlich gehörte das zu einem Tanz dazu, aber auch hier gilt (wie bei so vielem anderen): Die Dosis macht das Gift!

»Wie lange sind Sie denn schon allein?«, raunte mir Köpcke nun ins Ohr.

»Nun, ich lebe streng genommen gar nicht allein.«

»Aber was machen Sie denn dann hier? Suchen Sie ein Abenteuer? Ich bin für alles zu haben!« Köpcke presste sich noch ein wenig näher an mich.

»Oh, nein, ich bin nur der Geleitschutz für meine Bekannte.« Gottlob sagte ich *Bekannte* und nicht *Klientin*. Das hätte ja so gewirkt, als sei ich die Betreuerin von Frau Henning. Und die galt es ja schließlich unter die Haube zu bringen. Wenn auch sicher nicht unter die von diesem Herrn Köpcke.

»Aha. Und Sie selbst sind bereits vergeben?«, fragte der nun (mit einer deutlichen Enttäuschung in der Stimme). »Der Glückliche!«

»Ach ja«, sagte ich. »Ich bin schon sehr froh mit meinem Walther. Und ich wünsche Ihnen auch alles Gute auf der Suche nach Ihrem Glück!« Weil nun glücklicherweise auch das Lied zu Ende war, wand ich mich aus der festen Umklammerung, machte anschließend eine Art kleinen Knicks und eilte dann von der Tanzfläche zurück zu Frau Henning. Die saß tatsächlich noch immer auf ihrem Platz. Und es sah aus, als hätte sich die Furche zwischen ihren Augenbrauen noch etwas weiter vertieft.

»Entschuldigen Sie bitte, Frau Henning«, sagte ich. »Aber hätte ich dem Herrn einen Korb geben sollen?«

»Aber nein, Frau Gilhu, ich bitte Sie! Nutzen Sie die Gelegenheit! Sie sehen ja, wie gut Sie ankommen! Da kommt schon wieder einer!«

Tatsächlich näherte sich uns erneut ein Herr. Wieder ähnelte er nicht Brad Pitt (oder George Clooney oder Henning Baum oder Fritz Karl) und auch jetzt wandte er sich nicht an Frau Henning, sondern an mich. »Darf ich bitten?«

»Das dürfen Sie. Aber sehen Sie, ich habe mir wohl gerade ein wenig den Fuß verstaucht.« Ich zeigte auf meinen Knöchel. »Vielleicht fragen Sie aber meine Begleitung?«

»Aber gern. Wenn sie denn möchte?« Der Herr machte einen kleinen Bückling vor Frau Henning. Die schaute erst zu mir (unfreundlich) und dann zu dem Herrn (genauso unfreundlich), erhob sich dann aber doch und folgte dem Herrn auf die Tanzfläche.

Ja, und dann, verehrte Lesende, geschah ein kleines Wunder. Denn Frau Henning kam erst mal gar nicht mehr zurück von der Tanzfläche. Von meinem Platz aus (wo ich nun auch mein Bein hochgelegt hatte, um etwaige Interessenten von meiner Tanzuntauglichkeit zu überzeugen) beobachtete ich Frau Henning und ihren Tanzpartner mit zunehmender Faszination. Denn die beiden bewegten sich so, als hätten sie schon lange Jahre miteinander getanzt. So etwas gibt es ja: Menschen, die sich in ihren Bewegungen so miteinander verbinden, dass daraus ein Ganzes wird. Bei Balletttänzern kann das der Fall sein oder auch bei Eiskunstläufern. Denken Sie nur an Marika Kilius und Hans-Jürgen Bäumler!

Ähnlich geschmeidig wie die glitten nun auch Frau Henning und ihr Begleiter über das Parkett. Und hatten keine Kufen unter den Füßen!

Wer so miteinander tanzt, weiß sich auch in anderer Hinsicht miteinander zu verbinden. Und so wunderte es mich überhaupt nicht, als Frau Henning irgendwann (mit hochrotem Kopf) zurückkam zu unserem Tisch und verkündete: »Frau Gilhu, ich gehe jetzt noch was trinken mit Bernhard!«

Natürlich hätte ich sagen können, dass sie ja auch hier etwas trinken könnten, aber wissen Sie was, verehrte Lesende? Man muss die Feste feiern, wie sie fallen! Und es gibt Momente in unserem Leben, da sollten wir nicht nach dem Motto handeln: Gut Ding will Weile haben. Nein, das gute Ding muss manchmal einfach ergriffen werden! Der Hund, vor dessen Nase eine Wurst baumelt, denkt ja auch nicht: Soll ich die jetzt nehmen oder lieber noch ein bisschen warten? Nein, der Hund schnappt nach der Wurst und das ist auch gut so!

Sie können sich denken, wie die Geschichte nun endet? Ganz genau. Frau Henning und ihr Bernhard wurden ein Paar. Nach wenigen Monaten zogen sie zusammen und ein Jahr später haben sie geheiratet. Zur Hochzeit wurde ich leider nicht eingeladen, aber ich bekam ein Kärtchen aus den Flitterwochen (die sie klimafreundlich im Harz verbrachten) und darauf hatte Frau Henning den Spruch von Hermann Hesse notiert, der nun auch am Anfang unseres Kapitels steht:

Glück ist Liebe, nichts anderes.
Wer lieben kann, ist glücklich.

Buch weggelegt,
losgelegt –
die Glücksaktion

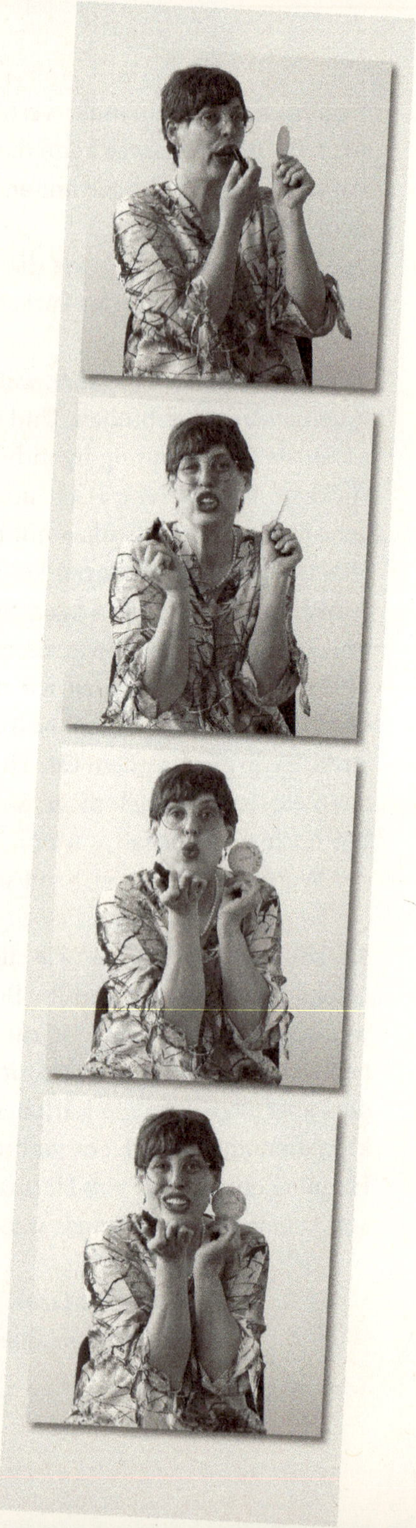

Der Lippenstift

Wir könnten es kurz machen: Kaufen Sie sich einen roten Lippenstift, tragen Sie ihn auf und schauen Sie, was passiert. Aber das ist nicht meine Art, verehrte Lesende. Ich erteile Ihnen ja keine Befehle, sondern nehme Sie an die Hand. Und ich weiß auch, wie schwer sich manche von uns tun mit der Farbe im Gesicht.

Gerade wir Frauen haben nicht selten eine gewisse Scheu, uns *anzumalen*. Als Kind schminkt man sich noch gern zum Clown oder denken Sie nur an die Schminkaktionen bei so manchem Kinderfest. Da stehen sich ja mitunter auch sehr kleine Kinder die Beine in den Bauch. Nun, aber irgendwann, lassen wir es die Pubertät sein, erfasst uns plötzlich diese Hemmung. Natürlich gibt es auch hier junge Mädchen, die sich nicht scheuen, Mutters Lippenstift aufzutragen oder auch deren Wimperntusche.

Als ich das selbst einmal tat, erreichte mich folgender Kommentar meiner Schwester: »Du siehst ja aus wie ein Pfingstochse, Anele!« Warum nun gerade der Pfingstochse ins Feld geführt wurde, erschloss sich mir zunächst nicht, heute weiß ich, dass in bestimmten Regionen zur Pfingstzeit den Ochsen bunte Bänder umgewickelt wurden. Geschminkt wurden die Ochsen, soweit ich das weiß, aber nicht. Egal! Der Kommentar meiner Schwester verunsicherte mich und ich zeigte meine Lippen weiterhin in ihrem blutarm-blässlichen Ton.

Geändert hat sich das bei mir erst vor wenigen Jahren. Ja, es hatte natürlich zu tun mit dem Älterwerden. Als ich die junge Dame in der Parfümerie fragte, was sie mir denn empfehlen könnte zur allgemeinen Straffung, sagte sie: »Wissen Sie was, Frau Gilhu. Sie brauchen erst mal ein bisschen Farbe im Gesicht!« Ja, und dann fing sie auch gleich an, mein Gesicht anzumalen. So etwas gibt es ja mittlerweile in den Parfümerien, solche Sitzecken, in denen die Kundschaft geschminkt werden kann. In einer solchen saß ich also und kam mir vor wie eine Filmschauspielerin. Und als ich irgendwann in den Spiegel blickte, erkannte ich mich selbst nicht wieder.

»Wer ist diese Frau?«, rief ich und sorgte natürlich für eine gewisse Heiterkeit. Aber mein Anblick war auch wirklich frappierend!

»Mindestens zehn Jahre jünger sehen Sie aus, Frau Gilhu!«

»Nun übertreiben Sie aber ein wenig, meine Liebe!« Ich kicherte noch ein wenig und kaufte dann alles, was die junge Frau aufgetragen hatte, inklusive des knallroten Lippenstifts. Ja, und natürlich gelang mir selbst die Schminkerei nicht halb so gut.

Das Auftragen von Make-up ist auch eine ganz eigene Kunst, das hat mir neulich erst die Frau Uhlig erklärt und was Wimperntusche betrifft, bin ich, weil ich ja immer so schnell gerührt bin, auch eher zurückhaltend. Übrig bleibt nun aber der Lippenstift! Den trage ich regelmäßig auf. Tue ich es nicht, fühle ich mich nackt. Mittlerweile besitze ich natürlich auch noch andere Töne als nur dieses knallige Rot. Das trage ich auf, wenn ich das Gefühl habe, unsichtbar zu sein. Das Rot verkündet sozusagen: »Hallo! Ich bin da!« Ruhe ich mehr in mir selbst und lege nicht so großen Wert aufs Beachtetwerden, entscheide ich mich für einen bräunlichen Ton.

Ja, auch hier gilt wieder, ähnlich wie bei den Parfums: Überprüfen Sie erst mal die eigenen Bestände! Sicher tummeln sich so einige Lippenstifte in Kosmetikschränken, -täschchen und -beuteln. Ranzig riechende werden selbstverständlich aussortiert. Und wenn wir nichts finden, was noch frisch ist und ansonsten auch unserer Stimmung entspricht, geht es in die Parfümerie! Schauen wir uns die Farbpalette an, lassen wir uns davon nicht erschlagen, folgen wir unserem Bauchgefühl! Tupfen Sie sich von der Farbe, die Sie spontan anspricht, ein wenig was aufs (innere) Handgelenk. Halten Sie das dann neben die Lippen und schon sehen Sie im Spiegel, was die Farbe für sie tut (oder auch nicht).

Sind Sie nicht ganz sicher? Scheuen Sie sich, eine Fachkraft anzusprechen! Und wenn Sie sich entschieden haben, gehen Sie mit einem beglückten Gefühl nach Hause, denn hier erwartet Sie nun der besondere Moment: Sie tragen zum ersten Mal Ihren neu angeschafften Lippenstift auf Ihre Lippen! Machen Sie das in aller Ruhe und mit größtmöglicher Sorgfalt. Und nun sagen Sie selbst: Sahen Sie jemals besser aus als in diesem Moment?

12

*Das Glück ist wie ein Brillengestell.
Man sucht es, bis man darauf tritt,
und dann ist es hinüber*

Annette von Droste-Hülshoff

Ja, wo fangen wir hier an, verehrte Lesende? Mit der Brille oder mit dem Glück?

Frau von Droste-Hülshoff meint ja, man würde das Glück, wenn man es denn mal gefunden hat, sogleich zertreten. Das glaube ich als Glückstherapeutin natürlich nicht. Aber die Gefahr ist selbstverständlich groß. Also die, dass man das kostbare Pflänzchen, als das sich das Glück uns gelegentlich präsentiert, zu ruppig anfasst oder es mit allzu viel Fürsorglichkeit überschüttet. In beiden Fällen geht das Pflänzchen ein.

Und hier komme ich nun zu mir. Zu der jungen Frau, die ich einmal war und die ich heute nicht mehr bin. Natürlich steckt das junge Mädchen noch immer in mir drin, gelegentlich schlüpft es ja auch aus mir heraus, ein gewisser Übermut ist mir, wie Sie wissen, erhalten geblieben, aber heutzutage, als Glücks- und Sexualtherapeutin, komme ich mir selbst viel schneller auf die Schliche. Und weiß eben auch, was mein Verhalten bei meinem Gegenüber auslöst. Insbesondere beim anderen Geschlecht!

Genau das war ja das Problem meiner Jugend. Begeisterte ich mich für einen jungen Mann, endete das eigentlich immer katastrophal. Das fing schon an im Kindergarten. Der kleine Peter war mir dort der Liebste. Ihn fragte ich wohl schon sehr früh, ob er bereit sei, mich zu heiraten. Und als ich ihn dann einmal bat, mich auf die Toilette zu begleiten, lehnte er das zwar nicht ab, unterrichtete über diesen Vorgang aber wohl auch seine Mutter. Auf jeden Fall suchte kurze Zeit später die Kindergärtnerin das Gespräch mit *meiner* Mutter.

»Weiß denn Anele nicht, dass man sich vor anderen Menschen nicht nackt ausziehen sollte?« Meine Mutter sagte leider nicht, dass Kinder in diesem Alter noch immer eine natürliche Freude am Nacktsein besäßen und dass es ja auch Erwachsene gäbe, die diese Freude nicht verloren hätten, man denke nur an die zahlreichen Nudisten im Lande. Nein, meine Mutter sagte nichts dergleichen, beteuerte hingegen, mit mir reden zu wollen. Was sie dann auch tat: »Anele«, sagte sie. »Was war denn da mit dem Peter?«

»Weiß ich nicht.« Natürlich rekonstruiere ich das Gespräch nun, an seinen genauen Wortlaut kann ich mich nicht erinnern. (Aber meine Schwester, die nicht nur zwei Jahre älter ist als ich, sondern ihr Leben lang schon sehr spitze Ohren besaß, hat mir später davon erzählt.)

»Warst du mit dem auf dem Klo?«

»Weiß ich nicht.«

»Das musst du doch wissen, Anele!« Meine Mutter schaute mich nun wohl so an, wie sie es oft tat – also mit einer Mischung aus Unverständnis und Hilflosigkeit. »Du kannst doch einem Jungen nicht deine Unterhose zeigen.«

»Das hab ich ja auch nicht.«

»Ich denke, du weißt es nicht mehr.«

»Ich hab sie doch ausgezogen.«

»Anele!« Meine Mutter war nun ernsthaft empört. »Ich möchte, dass du das nie wieder machst. Hast du mich verstanden?«

»Ja, Mama.« Im Grunde war ich ja ein sehr folgsames Kind. Und wollte immer gern meine Ruhe haben. Das mit dem Austragen der Konflikte überließ ich lieber Gisela. Auf jeden Fall forderte ich Peter niemals mehr auf zu einem gemeinsamen Toilettenbesuch. Eine Zeit lang bot ich ihm noch ein Stückchen an von meinem Pausenbrot. Das lehnte Peter aber auch bald ab und irgendwann streckte er mir nur noch die Zunge heraus.

Tja, so endete die erste unglückliche Liebe meines Lebens. Wie Sie sich denken können, blieb sie nicht die letzte. Besonders schmerzhaft war die Geschichte mit Wulf. Ihm begegnete ich im

Konfirmandenunterricht. Wulf trug sein Haar etwas länger als die anderen Jungen, in einer ähnlichen Form wie Udo Jürgens oder Howard Carpendale. Hervorstechend an ihm war vor allem aber sein glasklarer Verstand. Den stellte er in den Diskussionen mit Pfarrer Birkle unter Beweis – wenn es darum ging, ob es denn überhaupt einen Gott geben könne angesichts des Elends, das sich in der Welt zutrug.

»Ich sehe das genauso wie Wulf!«, lautete dann auch mein erster eigener Redebeitrag während des Konfirmandenunterrichts. Der erhoffte interessierte Blick von Wulf erreichte mich daraufhin leider nicht – deshalb setzte ich sozusagen noch einen drauf, indem ich Wulf nach dem Unterricht abpasste und ihm mitteilte: »Du hast das ausgesprochen, was ich auch denke!«

»Ach ja?« Wulf sah nicht so aus, als sei er vom Donner gerührt (angesichts einer solchen Seelenverwandtschaft). »Was genau denkst du denn?«

»Ähm«, sagte ich und bekam vermutlich die erste Hitzewallung meines Lebens. »Also, ich denke, dass der liebe Gott doch eigentlich eingreifen müsste, also, im Krieg und bei solchen Sachen.«

»Ja, und deshalb denke ich, dass es ihn gar nicht gibt. Und ich rede auch nicht mehr vom *lieben* Gott. Verstehst du?«

»Natürlich!« Ein Schauer lief mir über den Rücken. Was ich hier tat, war ja auch unfassbar. Ich besprach mit einem Jungen, den ich nun, aus der Nähe betrachtet, für den schönsten auf der ganzen Welt hielt, die Gretchenfrage. »Dann bist du vermutlich auch gegen Atomkraft?«

»Klar.« Wulf fuhr sich durch seine Haare. Und sagte dann leider gar nichts mehr. Mir fiel dummerweise auch keine weitere Frage mehr ein.

»Ich muss dann mal«, sagte Wulf und ging zu seinem Fahrrad.

»Ja, tschüss«, rief ich, während ich dort stand und mir vorkam wie die zur Salzsäule erstarrte Frau Lot.

»Ich brauche ein Foto von ihm!«, erklärte ich meiner Schwester am Abend.

»Wie soll das denn gehen?« Gisela lag wie immer auf ihrem Bett und las irgendein kompliziertes Buch.

»Wir verkleiden uns«, sagte ich. »Und dann nimmst du den Fotoapparat und drückst ab!«

»Du spinnst!«

»Das mag ja sein, aber ich bin nun mal verliebt! Und wer liebt, der spinnt!«

Am nächsten Tag setzte sich Gisela den Wanderhut unserer Mutter auf den Kopf, deren übergroße Sonnenbrille auf die Nase und hüllte sich ansonsten in Vaters dunkelgrünen Lodenmantel. Ich selbst begab mich in eine ähnliche Kostümierung – nur handelte es sich bei mir um Mutters Sonnenhut, Vaters Trenchcoat und um dessen dunkelblau getönte Ersatzbrille.

»Meinst du, man erkennt uns?«, fragte ich (nicht mehr ganz so selbstbewusst wie am gestrigen Abend).

»Kein Mensch wird uns erkennen!«, sagte Gisela. »Du musst nur die Klappe halten!« Sie schnappte sich die Kodak-Kamera unserer Eltern, in die ich einen neuen Farbfilm eingelegt hatte, hängte sich die um den Hals und sah nun sehr merkwürdig aus. Gleiches galt vermutlich auch für mich.

Wenige Minuten später saßen wir auch schon in dem Gebüsch, das sich gegenüber von Wulfens Elternhaus befand. Mein Herz klopfte rasend schnell. Wenn mich meine Recherchen nicht getäuscht hatten, musste er jeden Moment um die Ecke biegen. Denn es war Dienstag, kurz vor 18 Uhr, und zu dieser Zeit kehrte Wulf üblicherweise vom Fußballtraining zurück.

»Kannst du denn überhaupt was sehen?« Ich hockte hinter Gisela.

»Natürlich!«

»Aber kannst du denn von hier aus auch ein Foto schießen?«

»Natürlich nicht!« Gisela schnaufte. »Um ein Foto zu schießen, muss ich das Gebüsch verlassen. Aber das wird so schnell gehen, dass es niemand merkt.«

»Hauptsache, man erkennt dann was auf dem Foto!« Ich wollte noch etwas sagen über das, was ich vorhatte mit dem Foto – mir schwebte so etwas Ähnliches vor wie ein Starschnitt aus der Bravo – aber da durchfuhr mich auch schon ein Stromstoß. Denn meine Schwester schrie: »Achtung! Er kommt!« Sie schoss in die Höhe. »Aber du bleibst da unten!«

In meinem Kopf rauschte es. Ich hörte das Klicken der Kamera. Mir wurde schwindlig.

»Alles im Kasten!«, rief Gisela. »Du kannst rauskommen! Oder willst du hier Wurzeln schlagen?«

»Hast du ihn denn überhaupt erwischt?«

»Natürlich! Ich habe ganz oft abgedrückt. Da ist auf jeden Fall was Hübsches dabei!«

Nun fiel mir schon ein Stein vom Herzen, das gebe ich zu, aber dann passierte etwas, was mir noch heute ähnlich surreal vorkommt wie der aus dem Indischen Ozean steigende Juan (Sie erinnern sich?). Nun, während wir also erleichtert, fast schon beschwingt, die Straße entlangschritten, kam uns plötzlich ein Fahrrad entgegen und auf dem saß, Sie werden es nicht glauben, verehrte Lesende, niemand anderes als der eben noch in seinem Haus verschwundene Wulf!

Und der starrte uns nun ebenso entgeistert an wie ich ihn. Die ahnungslose Gisela plapperte währenddessen weiter vor sich hin, denn sie wusste ja gar nicht, wie er aussah, mein Wulf! Das wurde mir aber jetzt erst klar, wo ich ihn sah und im Haus offenkundig ein anderer junger Mann verschwunden war, nämlich sein Bruder Lutz. Der war, wenn ich mich richtig informiert hatte, drei Jahre älter als Wulf und sah ihm nicht besonders ähnlich. Das zeigte sich dann auch auf den Fotos, die ich in der nächsten Woche in Krügers Fotostübchen abholte. Ziemlich verwackelt sah man da den guten Lutz auf seinem Fahrrad sitzen, von vorne, von hinten, von der Seite und stets komplett an der Kamera vorbeischauend.

»Damit hätte ich eh nichts anfangen könnte«, sagte ich zu Gisela, die daraufhin natürlich beleidigt reagierte. »Kannst ihn ja das nächste Mal alleine fotografieren. Der Typ interessiert sich eh nicht für dich!«

Womit meine kluge Schwester vermutlich recht hatte, was ich damals aber nicht begreifen wollte. Überzeugt von unserer grundsätzlichen Bestimmung füreinander, interpretierte ich Wulfs Blicke, mit denen er mich in der nächsten Konfirmandenstunde musterte, nicht als den Versuch eines Abgleichs meiner Person mit einer dieser zwei merkwürdigen Gestalten (die ihm in der Nähe seines Elternhauses über den Weg gelaufen waren), sondern als Zeichen seines nun endlich entfachten Interesses an mir. Und um dieses Feuer weiter anzuheizen, überreichte ich Wulf eine weitere Woche später mein Diary.

Kennen Sie das noch? Diese Büchlein, in die man hineinschrieb, was man gerne aß, welche Bücher man am liebsten las und welche Musik man bevorzugt hörte. Heutzutage haben ja schon kleine Kinder sogenannte Freundebücher, in die derlei Informationen eingetragen werden, aber damals gab es zunächst das Poesiealbum, in das man schöne Sprüche hineinschrieb, und als Nachfolgemodell dann eben so ein Diary.

Den ersten Eintrag hatte ich natürlich mir selbst gewidmet, ihn aber so verfasst, dass er Wulf zeigen musste, was ich für einen guten Geschmack besaß. Anders gesagt: In meinem Diary stellte ich mich so dar, als sei ich eine *coole Socke*. Was ich, wie Sie sich denken können, verehrte Lesende, niemals war, auch heute nicht bin und höchstwahrscheinlich auch niemals mehr sein werde. Als Lieblingssänger notierte ich also nicht Howard Carpendale, sondern David Bowie und als Lieblingsband gab ich The Doors an und nicht Abba. Zu meinem Lieblingsbuch erkor ich *20 000 Meilen unter dem Meer* von Jules Verne. Natürlich hatte ich dieses Buch niemals gelesen, aber es klang doch aufregender als *Nesthäkchen* oder *Hanni und Nanni!*

Nun, Wulf nahm mein Büchlein mit Fassung entgegen und händigte es mir eine Woche später wieder aus. Als würde ich rohe Eier transportieren, trug ich es nach Hause und öffnete es dort mit rasendem Herzen auf der verschlossenen Toilette. Tja, was ich dann las, trieb mir die Schamesröte ins Gesicht. Denn Wulf hatte auch eine Kategorie aufgenommen, die ich selbst gar nicht verwendet hatte. Nämlich diese: *Was ich gar nicht leiden kann*. Und wissen Sie, was dort stand? Unehrlichkeit.

Tja, wie finden wir hier nun wieder heraus beziehungsweise unseren Bogen zum Glück?

Das kann ich Ihnen sagen! Wulf brach mir mit seiner Eintragung natürlich das Herz. Zutiefst beschämt guckte ich ihn in der nächsten Konfirmandenstunde erst mal überhaupt nicht mehr an. Aber schon in der nächsten Stunde fasste ich mir ein Herz (also das, was zu diesem Zeitpunkt noch davon übrig war) und bedankte mich bei Wulf für seine Ehrlichkeit. Der guckte mich daraufhin wieder so an, als sei ich ein besonders merkwürdiges Exemplar von einem jungen Mädchen, sagte aber auch nichts Dummes, Beleidigendes oder Abwertendes. Also, er sagte überhaupt nichts und das war ja auch gut so.

Mir selber schwor ich, fortan mit ähnlich offenen Karten zu spielen wie Wulf. Niemals mehr wollte ich mich verstellen, wenn ich die Nähe zu jemandem suchte, stattdessen vielmehr nach dem Motto handeln: Ganz oder gar nicht! Das bescherte mir, wie Sie sich denken können, diverse weitere Körbe, dazu komme ich später, aber mit dem Unterschied, dass ich immer sehr schnell wusste, woran ich war.

Nun, jetzt fragen Sie sich vermutlich, was das alles noch mit unserem Glücksspruch zu tun hat. Ehrlich gesagt frage ich mich das auch! Aber sagen wir mal so: Frau von Hülshoff ist seit über 170 Jahren tot und sah das mit dem Glück wohl alles noch ein bisschen fatalistischer. Als würde man es zwangsläufig zerstören, das Glück, wenn man es denn sucht. Ich hingegen sage: Suchen Sie es ruhig! Und wenn Sie es dann treffen, rufen Sie erst mal freudig: Hallo!

Auch auf die Gefahr hin, dass Sie es überrumpeln (das Glück), aber wissen Sie was? Auch ein niedergetrampeltes Pflänzchen ist in der Lage, sich wieder aufzurichten! Deshalb halten Sie sich besser nicht an Frau von Droste-Hülshoff, sondern lieber an mich:

Begibst du dich auf die Suche nach dem Glück –
schau nach vorne, nicht zurück –
und wenn dir dabei auch das Herze bricht,
dann ist's noch nicht das Ende der Geschicht!

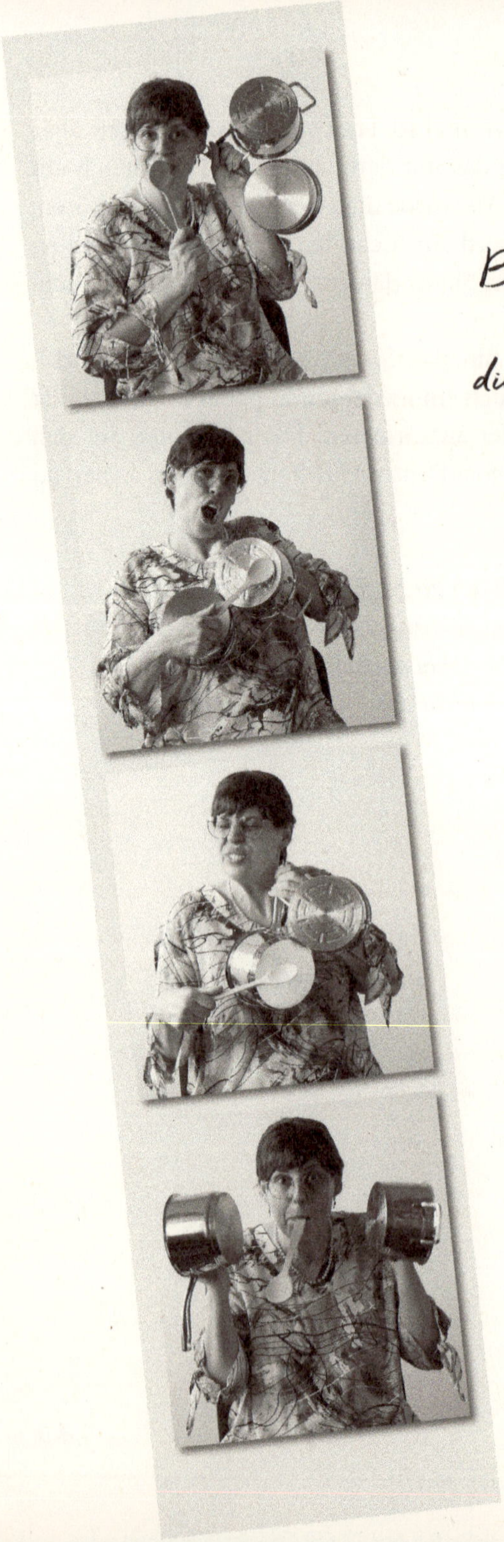

Buch weggelegt,
losgelegt –
die Glücksaktion

Das Instrument

Ja, verehrte Lesende, nun geht es um Musik! Und zwar um solche, die wir selbst herstellen. Natürlich sind die Talente hier unterschiedlich verteilt. Ich verfüge über kein absolutes Gehör und es hat mich auch noch niemals jemand aufgefordert, an einem Gesangswettbewerb teilzunehmen. Dennoch liebe ich Musik!

Leider wurde das in meinem Elternhaus nicht hinreichend gefördert. Meine Schwester Gisela und ich bekamen zwar jeweils eine Blockflöte und den entsprechenden Unterricht, aber bereits nach dem dritten Lied, das wir an Weihnachten flöteten, sagte mein Vater: »Sehr schön. Aber nun lasst mal Freddy Quinn erklingen!« Das war nämlich die Lieblingsschallplatte meines Vaters. *Weihnachten mit Freddy Quinn*. Nun, während der dann sang, ärgerte ich mich ein wenig und dachte: Könnte ich doch nur Akkordeon spielen! Oder Klavier! Aber an die Anschaffung eines Klaviers war in meinem Elternhaus nicht zu denken. »Viel zu teuer«, sagte mein Vater. »Und viel zu laut!«

Lange Zeit habe ich mich an dieses Verdikt gehalten, auch dann noch, als ich schon lange nicht mehr im Reihenhaus meiner Eltern in Neuss lebte. Aber vor zwei Jahren dachte ich plötzlich: Anele, warum kaufst du dir nicht einfach ein Klavier? Und wissen Sie was, verehrte Lesende? Ich habe es getan! Mittlerweile steht in meinem Wohnzimmer ein herrliches Exemplar, schwarz glänzend, mit goldenen Pedalen. Sooft ich kann, setze ich mich auf das dazu passende schwarz bezogene Bänkchen und haue in die Tasten. Ja, das klingt nicht immer schön, aber es tut wahnsinnig gut!

Sollten Sie selbst eins besitzen, wissen Sie, wovon ich spreche. Aber vermutlich trauen Sie es sich nicht? Viele von uns spielen lieber hundertmal *Alle meine Entchen* oder den *Flohwalzer*, anstatt einfach mal selbst loszulegen. Hat man erst mal genügend Krach gemacht, kommt vielleicht der Punkt, an dem wir selbst eine kleine Melodie entwickeln. Mitunter mache ich mir den Spaß und schreibe das dann auch auf. Voraussetzung dafür ist natürlich die Kenntnis der Noten. Aber wissen Sie was? Es geht auch anders! Sie könnten beispielsweise die Tasten mit kleinen Symbolen (Tiere, Zahlen, Sternzeichen) bekleben und diese Symbole dann in der Reihenfolge, in der sie die entsprechenden Tasten angeschlagen haben, notieren.

Am wichtigsten aber bleibt für mich die freie Improvisation! Dass es also quasi aus dem ganzen Körper heraus in die Hände fließt. Dass wir uns mit ganzer Kraft in unsere eigene Klangerzeugung hineinbegeben. Dass ein Feuerwerk der Töne erklingt! Und dass wir uns dafür nicht schämen!

Zu berücksichtigen bleibt natürlich die Nachbarschaft. Da gilt es: Halten Sie sich an Ruhezeiten! Spielen Sie niemals vor 8 Uhr in der Frühe oder nach 22 Uhr am Abend (und selbstverständlich auch nicht in der Mittagszeit). Und sagen Sie nicht, Sie spielen lieber stumm. Also mit einem Klavier, das sich auf leise stellen lässt. Nein, unser Ziel ist ja gerade der Lärm! Indem wir Krach verursachen, machen wir uns bemerkbar! Und damit wären wir beim letzten Punkt: Was, wenn uns kein Klavier zur Verfügung steht? Dann nehmen wir ein anderes Instrument! Selbst auf einer Blockflöte kann man sich verausgaben! Sollte auch ein solches Klein-Instrument nicht vorhanden sein, nehmen Sie einen Kamm. Auf dem lässt es sich blasen. Oder einen Topf. Nein, besser gleich mehrere Töpfe. Zusammen mit zwei Kochlöffeln wird daraus ein Schlagzeug.

Sie sehen, verehrte Lesende, es ist alles erlaubt. Hauptsache, Sie sehen sich selbst als Musiker oder Musikerin. Erzeugen Sie Ihre eigenen Töne. Und schon erleben Sie ihn, Ihren höchstpersönlichen Glücksklang-Momento!

13

*Da es sehr förderlich für
die Gesundheit ist,
habe ich beschlossen,
glücklich zu sein*

Voltaire

Ist das nicht ein hübscher Satz von dem Herrn Voltaire? *Da es sehr förderlich für die Gesundheit ist, habe ich beschlossen, glücklich zu sein.*

Aber sagen Sie das mal einem Hypochonder! Der zeigt Ihnen vermutlich einen Vogel! Der Hypochonder dreht sich ja nur um die Frage, ob er womöglich krank ist, und hat im Grunde gar keine Zeit für ein glückliches Leben. Fragt man sich natürlich (ähnlich wie bei der Sache mit der Henne und dem Ei): Fürchtet sich der Hypochonder vor Krankheiten, weil er unglücklich ist, oder ist er unglücklich, weil er Angst hat, nicht gesund zu sein?

Um diese Frage ein wenig aufzudröseln, erzähle ich Ihnen nun von Herrn Knöpfel. Der stand eines Tages im Wartezimmer meiner Praxis und zog, nachdem ich ihm die Hand gereicht hatte, ein kleines Fläschchen aus der Jackentasche. Zunächst dachte ich noch, es handele sich um einen Flachmann, als Herr Knöpfel sich aber mit dem Inhalt des Fläschchens die Hände einrieb, wusste ich Bescheid: Herr Knöpfel benutzte ein Desinfektionsmittel. Und das tat er bereits, bevor sich auch sehr viele andere Menschen zwangsläufig eines dieser Fläschchen anschafften.

Als ich ihm kurz darauf meinen Klientenstuhl anbot, griff er sogleich nach dem Kissen, das darauf lag. »Darf ich Ihnen das geben? Mein Rücken würde das nicht vertragen.«

»Geben Sie her!« Ich nahm Herrn Knöpfel das Kissen aus der Hand und legte es auf meinen Schreibtisch. Herr Knöpfel zog erneut sein Fläschchen aus der Tasche. Dann setzte er sich mit einer Vorsicht, als würde er eine heiße Badewanne besteigen, auf seinen Stuhl.

»Was führt Sie zu mir?«, fragte ich, obwohl ich ja längst bemerkt hatte, wo der Schuh drückte bei Herrn Knöpfel.

»Ich habe ein Problem mit meiner Gesundheit.«

»Das tut mir leid. Sind Sie denn krank?«

»Ich befürchte, ja.« Herr Knöpfel betrachtete mich sehr betrübt. Fast sah es aus, als stünden Tränen in seinen großen braunen Augen.

»Aber was fehlt Ihnen denn?«

»Das weiß ich ja nicht.«

»Es gibt also keinen Befund?«

»Nein! Gott bewahre!«

»Und Sie waren sicher bereits bei einem Arzt?«

»Natürlich. Da bin ich ja ständig. Aber wissen Sie was? Die halten mich für einen Hypochonder!«

»Tatsächlich?«

Sie können sich denken, verehrte Lesende, dass ich mich nun erst einmal ganz genau erkundigte nach den Lebensumständen von Herrn Knöpfel. Folgendes habe ich dabei erfahren: Herr Knöpfel war Anfang 40, ledig und arbeitete am Sozialgericht als Rechtspfleger. Eine Beziehung mit einer Kollegin (ebenfalls Rechtspflegerin) war in die Brüche gegangen, als diese Herrn Knöpfel mit ihrem Kinderwunsch konfrontiert hatte.

»Ich habe nichts gegen Kinder, Frau Gilhu, das können Sie mir glauben, aber ein Kind großzuziehen, das ist doch furchtbar anstrengend! Finden Sie nicht auch?«

»Nun, Herr Knöpfel«, sagte ich. »Ich habe ja selbst auch keine Kinder. Ich weiß aber von vielen Menschen, dass es sicher eine Herausforderung darstellt, ein Kind großzuziehen, dass aber die Anstrengung doch in den allermeisten Fällen aufgewogen wird durch die unvorstellbar große Liebe, die man für ein Kind empfindet.«

»Vermutlich.« Herr Knöpfel betrachtete mich nun wieder ziemlich betrübt. »Aber wissen Sie, Frau Gilhu, ich brauche meinen Schlaf. Wenn ich den nicht habe, fangen meine Muskeln an zu zucken.«

»Ach ja? Haben Sie das denn schon einmal neurologisch untersuchen lassen?«

»Natürlich! Aber die Neurologin meint ja auch, ich solle mich entspannen. Und das geht doch nur, wenn ich meine Ruhe habe.«

»Sicherlich, Herr Knöpfel. Aber Sie wissen bestimmt auch, dass man sich nicht immer am besten entspannt, wenn man vollkommen allein ist. Und es um einen herum vollkommen ruhig ist. Sonst würden wir ja alle als Einsiedler leben, nicht wahr?«

»Aber Sie leben doch auch allein?«

»Nicht ganz, Herr Knöpfel. Ich habe meinen Walther.«

»Ihr Mann?«

»Nein, mein Hund.«

»Ach so. Aber ist das denn nicht auch sehr anstrengend?«

»Natürlich benötigt ein Hund ein gewisses Maß an Zuwendung, aber hier ist es genau wie bei den Kindern: Die Anstrengung wird aufgewogen durch die Freude, die einem das Tier bereitet. Wollen Sie Walther mal kennenlernen?«

»Er ist hier?«

»Selbstverständlich! Walther!« Tatsächlich hatte Walther mittlerweile ein recht verstecktes Plätzchen hinter der Zimmerpalme bezogen, in das er sich verkroch, wenn es ihm zu viel wurde mit den wechselnden Menschen, die mich konsultierten. Und weil er dort meistens schlief, vergaß ich mitunter, meine Klienten über die Anwesenheit Walthers zu informieren. Dies war nun so ein Fall. Und die Überraschung seitens Herrn Knöpfels war sehr groß, als sich Walther aus seinem Körbchen erhob und zu uns herüberlief.

»Hier ist ein Hund im Zimmer! Jetzt weiß ich auch, warum meine Nase so juckt!«

»Haben Sie denn eine Hundehaarallergie?«

»Bisher wurde nichts dergleichen festgestellt. Aber der letzte Allergietest, den ich gemacht habe, liegt schon ein Jahr zurück.«

»In der Zwischenzeit wird sich das sicher nicht wesentlich geändert haben, Herr Knöpfel. Hätten Sie eine Hundehaarallergie, würden Sie jetzt sicher niesen.«

»Meinen Sie?«

»Unbedingt, Herr Knöpfel. Wenn Sie möchten, können Sie Walther gern einmal streicheln.«

»Aber ist das nicht zu übergriffig?«

»Für wen?«

»Für den Hund.«

»Aber nein, Herr Knöpfel. Es ehrt Sie, dass Sie sich Walther gegenüber so rücksichtsvoll benehmen, aber sehen Sie, er mag Sie!«

»Woher wissen Sie das denn?«

»Er wedelt mit dem Schwanz!«

Und dann streichelte Herr Knöpfel meinen Walther. Selbstverständlich mit größtmöglicher Vorsicht. Aber ich sah, wie seine Augen langsam anfingen zu glänzen. (Ich spreche von den Augen Herrn Knöpfels, die von Walther glänzen ja ohnehin.) Und da hatte ich plötzlich eine Idee:

»Wie wäre es, Herr Knöpfel, wenn Sie sich selbst einen Hund zulegten?«

»Ich? Nein! Um Gottes willen!« Herr Knöpfel beendete abrupt die Streicheleinheit. Was Walther dazu veranlasste, sich auf den Rücken zu werfen.

»Was hat er denn jetzt?«

»Er möchte weiter gestreichelt werden.«

»In dieser Position?«

»Aber ja! Walther würde es lieben, wenn Sie ihm jetzt das Bäuchlein streichelten.«

»Aber sitzen denn dort nicht die meisten Flöhe?«

»Walther hat keine Flöhe!«

»Woher wissen Sie das?«

»Weil ich ihn regelmäßig bade.«

»In Ihrer eigenen Wanne?«

»Natürlich. Wo denn sonst?«

»Aber die müssen Sie danach ja gründlich desinfizieren!« Sogleich zog Herr Knöpfel sein Fläschchen aus der Tasche. Überlegte es sich dann aber doch anders. »Ist denn so ein Hundebauch nicht besonders empfindlich?« Herr Knöpfel bückte sich hinab zu meinem Walther (der noch immer erwartungsfroh auf seinem Rücken lag). Und dann fing Herr Knöpfel an, mit vorsichtigen Bewegungen über Walthers Bäuchlein zu streicheln. »Das ist ja ganz weich!«

»Ja, und hören Sie mal, wie gern er es mag!« Aus Walthers Bauch drang ein wohliges Brummen.

»Aber er knurrt doch?«

»Er knurrt nicht, Herr Knöpfel, er brummt!«

So in etwa verlief meine erste Sitzung mit Herrn Knöpfel. Wir verabredeten, uns beim nächsten Termin an der frischen Luft zu treffen. Gemeinsam mit Walther liefen wir durch den Englischen Garten. Meinem Impuls, Herrn Knöpfel dort einen Hundekotbeutel in die Hand zu drücken, widerstand ich und sammelte Walthers Wurst, die er auf der Wiese hinterlassen hatte, lieber selbst ein. Natürlich galt es auch hier, eine Schallmauer zu durchbrechen. Und so sagte ich zu Herrn Knöpfel: »Das ist wie bei einem Kind! Da entsorgt man die Windel ja auch ohne jegliches Ekelgefühl!«

»Ist das so?« Herr Knöpfel betrachtete mich recht skeptisch und zog, wenn ich nicht irre, auch wieder sein Desinfektionsfläschchen aus der Tasche.

»Unbedingt, Herr Knöpfel! Schauen Sie mal, am Anfang dachte auch ich, ich würde Probleme haben mit diesen Beuteln, aber was ist denn die Alternative?«

»Wie meinen Sie das jetzt?«

»Ich meine, wenn wir Hundebesitzer alle Würste liegen ließen, wäre es doch viel schlimmer!«

»Um Gottes willen ja! Was wäre das für ein Gestank! Und stellen Sie sich einmal vor, wie viel größer dann die Gefahr wäre, in eine Wurst hineinzutreten!« Herr Knöpfel erzeugte ein Geräusch des Schauderns. »Was meinen Sie, wie häufig ich früher, als es die Kotbeutel noch nicht gab, in Würste hineingetreten bin! Sie auch?«

»Oh, ja!«, rief ich. »Das waren noch Zeiten! Heutzutage passiert einem das ja nur noch selten. Ich sage immer: Der Hundekotbeutel ist eine zivilisatorische Errungenschaft!«

»Da stimme ich Ihnen vollkommen zu, Frau Gilhu! Vollkommen!«

»Das freut mich, Herr Knöpfel! Aber denken Sie denn, Sie würden es selbst zustande bringen, eine Wurst einzusammeln?«

»Ich?« Herr Knöpfel betrachtete mich so, als hätte ich ihn gerade gefragt, ob er sich nackt ausziehen wolle. »Ich habe ja selbst keinen Hund und deshalb muss ich auch keine Würste einsammeln. Und darüber bin ich, das dürfen Sie mir glauben, sehr froh.«

Sie sehen, verehrte Lesende, wir waren noch nicht ganz dort, wo ich Herrn Knöpfel haben wollte. Und deshalb strapazierte ich das Thema (Hundekotbeutel) nicht weiter, widmete mich stattdessen wieder der Freude (die so ein Hund auslöst). »Walther«, rief ich. »Wo ist das Bällchen?« Ich hatte unser bewährtes Wurfballgeschoss dabei, also so eines, bei dem man als Hundehalter den Ball nicht berühren muss. Sie kennen das vielleicht? Der Ball wird mit einer Art Greifzange vom Hundebesitzer aufgefasst und nur der Hund selbst kommt dann mit dem Ball in Berührung. Wie praktisch das ist, demonstrierte ich nun auch Herrn Knöpfel. Und der war entsprechend beeindruckt.

»Fantastisch!«, rief er. »Das ist ja fantastisch! Und hinterher kann man den Ball dann mitsamt der Zange in eine Desinfektionslösung tauchen, nicht wahr?«

»Wenn man das möchte, kann man das tun. Wollen Sie es selbst einmal versuchen?«

»Was jetzt?«

»Das Bällchen zu werfen?«

Tatsächlich übernahm Herr Knöpfel von mir die Hundezange und schmetterte den Ball dann mit erstaunlichem Geschick über die große Wiese und Walther hüpfte dem Ball mit großer Freude hinterher. Als er ihn mit nicht minder großem Stolz zurückbrachte, wiederholte Herr Knöpfel die Aktion und wurde in der Folge nicht müde, den Ball wieder und wieder für den begeisterten Walther durch die Luft zu schleudern.

»Ist das nicht schön, Herr Knöpfel, mit so einem Hund?«

»Durchaus, Frau Gilhu, aber einen eigenen möchte ich trotzdem nicht haben.«

Zwei Wochen später trafen wir uns im Tierheim. Herr Knöpfel war sehr blass. »Ich habe die ganze Nacht nicht geschlafen, Frau Gilhu.« Unruhig betrachtete er den lang gestreckten Bau, vor dem wir standen. »Sind wir hier denn überhaupt richtig?«

»Aber natürlich, Herr Knöpfel. Ich habe uns angemeldet und ich denke, man wird uns auch gleich in Empfang nehmen.«

»Was haben Sie denen denn gesagt?«

»Dass wir uns ein wenig umschauen wollen. Herr Knöpfel, Sie brauchen überhaupt keine Angst zu haben. Die Tiere sind eingezäunt und wir sind zu nichts verpflichtet.«

»Ja, ja. Und hinterher stehen wir dann da mit einem Hund. Wo ist denn überhaupt Walther?«

»Den habe ich zu meiner Freundin Barbara gebracht, Herr Knöpfel. Die Anwesenheit so vieler Artgenossen würde ihn überfordern. Und ich mag ihn ja auch nur ungern anleinen.«

»Das ist ja auch nicht gut für ihn.«

»Was jetzt?«

»Das Angeleintsein.«

Hier waren wir uns einig, Herr Knöpfel und ich. Ein Hund

brauchte seine Freiheit. Deshalb bekümmerte uns kurze Zeit später auch der Anblick der Hunde in ihren Zwingern.

»Das ist ja viel zu eng!«, rief Herr Knöpfel.

»Die haben schon genügend Platz«, versicherte uns die junge Dame, die uns herumführte. »Sie haben vermutlich ein Haus?«

»Ich?« Irritiert betrachtete Herr Knöpfel die junge Dame. »Nein. Ich wohne in einer Zweizimmerwohnung. Aber ich will ja auch keinen Hund!«

»Ach so? Ich dachte, Sie seien auf der Suche nach einem Begleiter? Sagten Sie das nicht am Telefon?« Nun wandte sich die junge Dame an mich.

»Da haben Sie mich wohl ein wenig missverstanden«, sagte ich und ergänzte meine (ebenso harmlose wie sinnvolle) kleine Lüge noch mit folgender Information. »Wir schauen uns um für eine gemeinsame Bekannte. Die liebt Hunde sehr, hatte aber noch nie selbst einen.«

»Dann suchen Sie also einen Ersthund?«

»Wenn man so will: Ja! Aber wie gesagt: Wir schauen uns nur ein wenig um.«

Kurze Zeit später standen wir vor Hector. Der lag allein in seinem Zwinger und gab Geräusche von sich.

»Ist das ein Brummen oder ein Knurren, Frau Gilhu?«

»Nun, Herr Knöpfel, ich glaube, hier handelt es sich um ein Knurren. Was meinen Sie?« Ich wandte mich an die junge Dame.

»Der knurrt natürlich! Und ich kann Ihnen gleich sagen: Den lassen wir besser in Ruhe!«

»Dann ist er also schwer vermittelbar?« Es lag Mitgefühl in der Stimme von Herrn Knöpfel.

»Das kann man wohl sagen! Hector ist schon sehr lange bei uns. Zweimal wurde er auch vermittelt, kam aber immer wieder zurück.«

»Wieso das denn?«

»Weil die Leute nicht mit ihm klarkamen.«

»Der Arme!« Herr Knöpfel trat an den Zwinger. »Dabei sieht er doch so lieb aus.«

»Vermutlich ist er das auch. Aber irgendwie so schwer traumatisiert, dass er jemanden bräuchte, der sich zunächst mal ausschließlich nur um ihn kümmert. Das kann ja niemand leisten.«

»Wieso?«

»Weil dafür doch niemand die Zeit hat. Und die Geduld.«

Sie haben sicher bereits eine Ahnung, verehrte Lesende? Richtig! Wir gingen mit Hector spazieren! Trotz größter Skepsis seitens der jungen Tierheim-Mitarbeiterin. »Aber schauen Sie«, hatte ich ihr erklärt. »Ich habe selbst einen Hund. Und als Therapeutin kenne ich mich aus mit problematischen Fällen.«

»Sie therapieren Hunde?«

»Mitunter auch die!«

Ja, und kurze Zeit später befanden wir uns zu dritt vor dem Tierheim, Herr Knöpfel, Hector und ich.

Hier wandte ich nun meinen bewährten Wurst-Trick an. Ich zog die Dose mit der Bockwurst aus der Tasche (die ich vorsorglich eingesteckt hatte) und wedelte damit zunächst ein wenig in der Luft herum. Das weckte natürlich, kombiniert mit dem Wurst-Duft (der aus der Dose herausströmte), das Interesse von Hector. Als er nach der Dose schnappen wollte, verbarg ich sie hinter meinem Rücken und zog sie dann blitzartig wieder hervor. Dadurch irritiert, erstarrte Hector für einen Moment und just nun holte ich ein Zipfelchen Wurst aus der Dose und streckte es Hector entgegen.

Noch während er das Zipfelchen verspeiste, verstaute ich die Dose wieder in meiner Tasche. Und nun machte Herr Knöpfel ebenfalls etwas sehr Geschicktes: Er streichelte Hector. Nicht übergriffig, sondern behutsam und voller Respekt. Tja, und dann kam auch noch mein Wurfgeschoss zum Einsatz. Als hätte er nie etwas anderes getan, schoss Hector dem Bällchen hinterher und brachte es ebenso selbstverständlich wieder zurück.

Kurzum: Die Leine, die uns die junge Mitarbeiterin mitgegeben hatte, benötigten wir überhaupt nicht.

Und ich darf sagen: Wir kehrten mit einem glücklichen Hund zurück zum Tierheim. Natürlich hatten wir Hector in dieser kurzen Zeit nicht die Last seiner Vergangenheit nehmen können, aber was wir ihm beschert hatten, war nichts weniger als ein GLÜCKSMOMENTO!

Der jungen Dame teilten wir mit, dass wir Hector von nun an regelmäßig besuchen wollten. Die war zwar erstaunt, erhob aber keinen Einwand. Und so trafen wir uns noch mehrere Male mit Hector im Tierheim. Bald benötigte ich den Wurst-Trick gar nicht mehr zu Beginn unserer Treffen, stattdessen überließ ich es Herrn Knöpfel, Hector zum Schluss unserer Begegnungen (als Abschiedsgeschenk sozusagen) ein ganzes Würstchen zu überreichen.

Ja, und irgendwann kam auch der Moment, da ich zu Herrn Knöpfel sagte: »Vielleicht treffen Sie sich auch einmal allein mit Hector?« Zunächst flackerte es noch ein wenig nervös in den Augen von Herrn Knöpfel, aber dann sagte er: »Ich denke, das ist eine gute Idee, Frau Gilhu.«

Fortan besuchte Herr Knöpfel unseren Freund Hector allein im Tierheim. Und irgendwann geschah auch das, was wir uns doch sicher alle wünschen, wenn wir diese Geschichte lesen: Hector verließ das Tierheim und zog in die Zweizimmerwohnung von Herrn Knöpfel. Dort leben sie nun glücklich und zufrieden und alle zwei Wochen treffen wir uns zu viert (Walther, Hector, Herr Knöpfel und ich) zu einem gemeinsamen Spaziergang im Englischen Garten. Da wir immer genügend Wurst dabeihaben sowie zwei Wurfgeschosse, ist es bisher auch noch zu keinerlei Verstimmung gekommen zwischen den Hunden. Herr Knöpfel selbst ist durch Hector kein vollkommen neuer Mensch geworden, aber ich darf behaupten: Er hat etwas gefunden, was ihn glücklich macht.

Ja, und so lassen Sie uns zum Ende der Geschichte noch einmal zurückkehren zu Herrn Voltaire: Der sagte ja, dass er beschlossen habe, glücklich zu sein, weil das förderlich sei für die Gesundheit. Herr Knöpfel nun hat vielleicht nicht selbst beschlossen, glücklich zu sein, aber er ist zu mir gekommen und hat somit quasi seinem Glück auf die Sprünge geholfen. Gemeinsam haben wir uns auf die Suche begeben und in Hector jemanden gefunden, der das Leben von Herrn Knöpfel bereichert – um nicht zu sagen: *beglückt*. Und in dem Moment, wo das Glück Einzug gehalten hat in das Leben von Herrn Knöpfel, geht es auch bergauf mit seiner Gesundheit. Herr Knöpfel beschäftigt sich einfach nicht mehr so sehr mit seiner Gesundheit – und das wiederum führt dazu, dass er sich gesund fühlt.

Herr Knöpfel hat also, wenn ich das so sagen darf, erfolgreich am Schräubchen gedreht! Und was die Hundekotbeutel betrifft: Die befüllt und entsorgt Herr Knöpfel mittlerweile, ohne eine Miene dabei zu verziehen. Dass er sich anschließend die Hände desinfiziert, verwundert Sie, liebe Lesende, aber vermutlich nicht?!

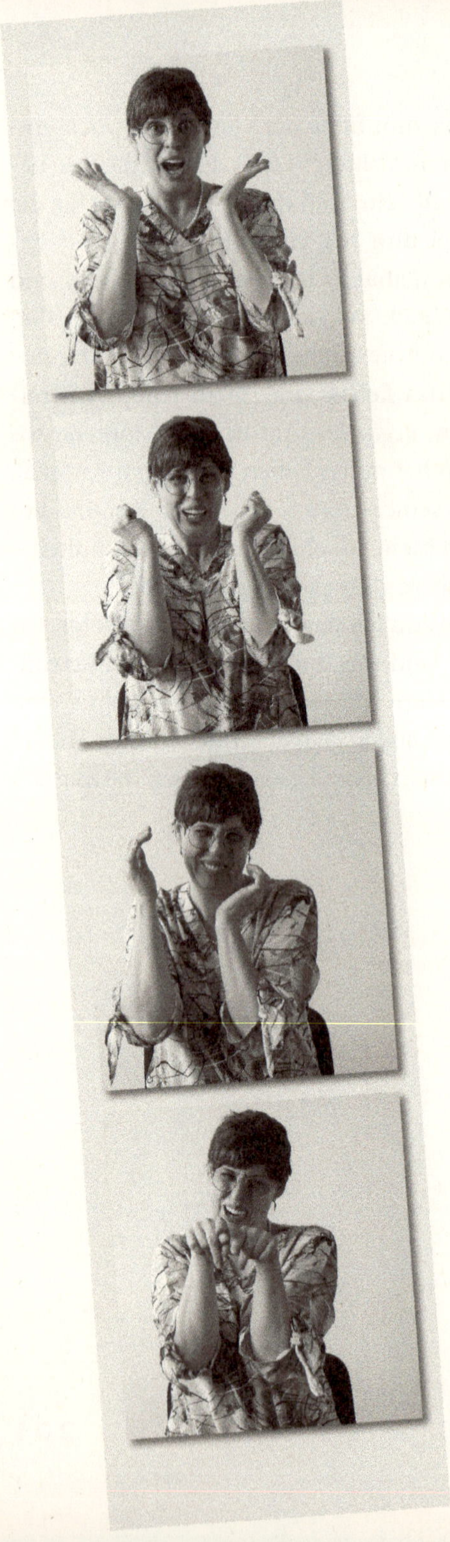

Buch weggelegt, losgelegt – die Glücksaktion

Das Lachen

Grundsätzliches über das Lachen habe ich ja bereits zum Besten gegeben, aber nun gehen wir es mal ganz praktisch an: Lassen Sie es uns gemeinsam tun! Und zwar ohne jeden Witz! Denn da scheiden sich ja die Geister: Erzähle ich Ihnen jetzt einen, würden Sie vielleicht nur schmunzeln oder womöglich sogar das Buch (befremdet!) zur Seite legen.

Also: Wir stellen uns aufrecht hin. Suchen einen festen Stand, verbinden uns mit dem Boden, ohne dabei die Zehen zu verkrampfen. Nun atmen wir einmal tief durch. So. Und jetzt nehmen wir die Hände an die Hüfte. Also, eine Hand auf jeder Seite. Wir stehen nun so da, als würden wir uns über etwas empören. Aber genau das haben wir nicht vor! Nein, wir beginnen jetzt ganz langsam mit dem Erzeugen von Lachgeräuschen. Zunächst ist das ein leichtes He, he, he. Gefolgt von einem Hö, hö, hö. Dann einem Hi, hi, hi. Und schließlich einem Ha, ha, ha. Sind wir angekommen beim Ha, ha, ha, merken wir, wie sich der Klang entfaltet. Die Kehle öffnet sich. Wir werden lauter. HA, HA, HA! Und noch einmal: HA, HA,HA! Als Nächstes steigern wir die Frequenz. Aus dem HA, HA, HA wird ein Hahahahahahahahahahahaha. So lange, bis wir keine Luft mehr bekommen. Und dann passiert etwas Entscheidendes: Das Zwerchfell schaltet sich ein! Es übernimmt sozusagen und, schwups, haben Sie wieder Luft! Vermutlich können Sie schon jetzt nicht mehr aufhören. Höchstwahrscheinlich bricht ein wildes Gegacker aus Ihnen heraus. Sollte es zu anstrengend werden, setzen Sie kurz aus und fangen dann wieder an.

Hahahahahahahahaha. Heheheheheheheheheh. Hohohohohohohoho. Hihihihihihihi.

Und, spüren Sie, wie es sich löst? Die Verspannung im Nacken genauso wie die im Unterleib?

Sicher kann es auch passieren, dass Sie Bauchschmerzen bekommen von dem Gekicher. Oder dass Sie sich in die Hose machen. Aber das, verehrte Lesende, ist doch vollkommen egal! Der Bauchschmerz verschwindet bereits während der nächsten Lachattacke, die Unterhose ist flugs gewechselt – und die Freiheit, die der Lachanfall erzeugt, sucht ihresgleichen!

In diesem Sinne: HAHAHAHAHAHAHAHAHAHAHAHAHAHAHAHAHAHAHA!

14

Mut steht am Anfang des Handelns, Glück am Ende

In diesem Kapitel erspare ich uns die Vorrede und falle gleich mal mit der Tür ins Haus: Ich möchte Ihnen nämlich von Frau Nietzsche erzählen. Die war gerade fünfzig Jahre alt geworden, als sie in meiner Praxis auftauchte. Und das ist noch gar nicht so lange her. Denn Frau Nietzsche zählt zu denjenigen meiner Klienten, die mich im Internet kennengelernt haben.

»Ich fand Sie so erfrischend, Frau Gilhu«, sagte sie.

»Aber wie haben Sie mich denn entdeckt, wenn ich fragen darf?«

»Durch die Frau Uhlig. Der folge ich ja schon länger. Und ich finde es großartig, dass sie Ihnen diese Plattform zur Verfügung gestellt hat.«

»Ja, das ist sehr nett von der Frau Uhlig. Aber vermutlich sitzen Sie deswegen nicht hier?«

»Nein.« Nun wich die freudige Aufregung aus dem Gesicht von Frau Nietzsche. Was hingegen blieb, war die Röte ihrer Wangen und ihrer Nase. »Ich dachte mir, dass Sie mir vielleicht helfen können.« Frau Nietzsche rutschte ein wenig unruhig herum auf ihrem Stuhl.

»Gewiss, Frau Nietzsche.«

»Ich weiß aber gar nicht, ob das einen Sinn macht.«

»Dass Sie hier sitzen?«

»Nun ja. Ich finde es natürlich toll, Sie einmal persönlich kennenzulernen, Frau Gilhu, aber mein Problem muss ich ja im Grunde selbst lösen.«

»Das müssen wir alle, Frau Nietzsche. Aber ich kann Sie dabei unterstützen! Erzählen Sie mir doch einfach, was Sie bedrückt.«

»Aber mich bedrückt ja gar nichts.«

Werden Sie nun auch ein wenig unruhig, verehrte Lesende? Ich selbst habe ja Erfahrung mit solchen Fällen. Menschen, die mich aufsuchen und dann plötzlich so tun, als hätten sie überhaupt kein Problem.

Möglicherweise liegt das auch an mir. Begegne ich den Menschen allzu fröhlich, schüchtert sie das manchmal ein. Vielleicht haben sie auch Angst, dass ich anfange zu lachen, wenn sie mir von ihren Problemen erzählen? Nun, aber auch hier hilft nur eins: Geduld!

»Es bedrückt Sie also nichts, ein Problem haben Sie aber trotzdem?«

»Wieso?«

»Weil Sie eben davon sprachen. Also, in dem Sinne, dass Sie Ihr Problem vermutlich selbst lösen müssten.«

»Stimmt.« Die Wangen von Frau Nietzsche wurden noch ein wenig röter. »Wissen Sie«, setzte sie dann an. »Vermutlich sind es die Hormone.«

»Die Hormone?«

»Ja, ich schlafe zurzeit so schlecht. Und das hat doch bestimmt mit den Wechseljahren zu tun. Und wenn ich schlecht schlafe, werde ich unleidlich.«

»Das kenne ich gut!«

»Eben! Sie haben darüber ja auch schon gesprochen. Aber ich hatte den Eindruck, dass Sie trotzdem Ihre gute Laune nicht verlieren.«

»Ach, Frau Nietzsche«, entfuhr es mir nun recht temperamentvoll. »Ich lache ja auch nicht den ganzen Tag! Und natürlich ist das alles ein Prozess! Ich bin ja, wenn ich das mal so freiheraus sagen darf, auch schon ein paar Jährchen älter als Sie!«

»Sie haben Ihre Schlafstörungen also in den Griff bekommen?« Frau Nietzsche rutschte ans vorderste Ende ihres Stuhls.

»Nun, Frau Nietzsche, unser Schlaf unterliegt ja generell natürlichen Schwankungen. Denken Sie nur einmal an den Mond!«

»Sie glauben, der Mond beeinflusst unseren Schlaf? Ist das nicht esoterisch?«

»Wissen Sie was, Frau Nietzsche: Das ist mir ziemlich egal. Esoterik hin oder her! Es ist doch so: Haben wir Vollmond, scheint der Mond viel heller in unsere Schlafstuben hinein, als wenn er nur eine blasse Sichel ist. Da stimmen Sie mir doch sicherlich zu?«

»Schon. Aber wir haben zu Hause Jalousien!«

»Dann ist es womöglich viel zu dunkel in Ihrem Schlafzimmer?!«

»Das mag sein. Aber bis vor einem halben Jahr habe ich sehr gut geschlafen in meinem Schlafzimmer.«

»Sie leben allein?«

»Nein. Wie kommen Sie darauf?«

»Weil Sie eben sagten: *mein* Schlafzimmer.«

»Ach so, nein. Mein Mann schläft ebenfalls dort.«

»Schnarcht der womöglich?«

»Ja, aber das hat mich bis vor einem halben Jahr auch nicht gestört.«

»Es hat Sie also überhaupt nichts gestört?«

»Nein. Oder doch. Mich hat schon sehr vieles gestört. Aber was meinen Schlaf betrifft, habe ich mich einfach hingelegt und bin eingeschlafen.«

»Und morgens früh sind Sie dann wieder aufgewacht?«

»Ja gut, manchmal musste ich auch in der Nacht heraus, aber dann bin ich auch sehr schnell wieder eingeschlafen. Jetzt liege ich *stundenlang* da und finde nicht mehr zur Ruhe. Das ist doch entsetzlich!«

»Ja, Frau Nietzsche, ich kann mir gut vorstellen, wie sehr Sie das quält. Aber warum liegen Sie denn auch die ganze Zeit in Ihrem Bett?«

»Ich muss doch schlafen!«

»Wer sagt denn das?«

»Alle!« Frau Nietzsche betrachtete mich nun so, als würde sie nicht mehr nur an sich selbst zweifeln, sondern auch an meiner Kompetenz.

Ein gefährlicher Punkt! Treibt man es als Therapeutin zu weit mit der Konfrontation, stößt man den Klienten womöglich vor den Kopf und somit schlimmstenfalls auch aus dem Behandlungsstuhl. Also bemühte ich mich nun wieder um ein wenig Konzilianz: »Frau Nietzsche, ich weiß natürlich um die Bedeutung des Schlafs. Und ich erahne auch, wie sehr er Ihnen fehlt. Aber wollen Sie wissen, was ich getan habe, als ich nicht schlafen konnte?«

»Ja, bitte!«

»Ich bin einfach aufgestanden!«

»Und was haben Sie dann gemacht?«

»Verschiedenes.« Ich dachte einen Moment lang nach. Sollte ich Frau Nietzsche gestehen, dass ich, nachdem ich das Bett verlassen hatte, zunächst mal den Kühlschrank inspiziert und mir auch einiges von dem, was sich darin befunden hatte, verspeist hatte? Ich bin kein Mensch, der sich dafür schämt, nicht ganz so gertenschlank zu sein wie Heidi Klum (zum Beispiel), als gefräßig möchte ich nun aber auch nicht gelten. Denn die Vorstellung, wie sich eine nicht mehr ganz junge Frau nächtens über ihren Kühlschrank hermacht, führt ja zu keinem anderen Schluss als diesem: Diese Frau hat sich nicht im Griff, diese Frau betreibt eine der sieben Todsünden, nämlich die der Völlerei.

»Ich habe zum Beispiel gelesen.«

»Ein Buch?«

»Ja. Ich habe ein Buch gelesen.«

»Tatsächlich? Darauf könnte ich mich in der Nacht gar nicht konzentrieren.«

»Nun gut, Frau Nietzsche, das fiel mir auch nicht immer leicht. Manchmal habe ich mir auch etwas angeschaut.«

»Einen Film?«

»Ja, gelegentlich auch einen Film. Meistens aber eher eine Folge der Serie, die ich gerade schaue.«

»Verstehe. Aber wenn ich das machen würde, würde ich ja meinen Mann wecken.«

»Sie könnten aber doch den Raum verlassen und sich Kopfhörer aufsetzen.«

»Stimmt.« Frau Nietzsche betrachtete mich ein wenig nachdenklich. »Das könnte ich machen.«

»Oder Sie schreiben etwas auf!«

»Was soll ich denn aufschreiben?«

»Ihre Gedanken!«

Nun sagte Frau Nietzsche erst mal gar nichts mehr. Sie betrachtete ihre Fingernägel (sauber und ordentlich manikürt!) und dann schaute sie sich in meinem Behandlungszimmer um, als würde sie etwas suchen. Dabei entdeckte sie Walther. »Sie haben einen Hund?«

»In der Tat.«

»Davon haben Sie ja im Internet gar nichts erzählt.«

»Wissen Sie, Frau Nietzsche, ich möchte Walther nicht ans Licht der Öffentlichkeit zerren. Er hat auch ein Recht auf seine Privatsphäre.«

Frau Nietzsche nickte. Dann sagte sie auf einmal: »Ich würde ja gern schreiben, aber ich traue es mich nicht.«

»Warum?«

»Weil ich doch dann enttäuscht werden könnte.«

»Von wem?«

»Von mir selbst.«

Hier hatten wir nun den Salat. Frau Nietzsche zählte zu den Menschen, die nicht taten, was sie wollten, aus der Angst heraus, sie könnten damit scheitern. Ein gar nicht so selten beobachtetes Phänomen! Dies galt es nun natürlich auszuhebeln.

»Wissen Sie was, Frau Nietzsche? Stellen Sie sich doch einmal vor, Sie lägen auf Ihrem Totenbett.«

»Um Gottes willen!«

»Keine Angst, Frau Nietzsche, ich möchte Sie nicht verstören! Nein, ich stelle Ihnen eine ganz einfache Frage: Wenn Sie am Ende Ihres Lebens auf Ihr Leben zurückschauen – wovon sind Sie dann vermutlich mehr enttäuscht? Von der Tatsache, dass Sie es nicht gewagt haben zu schreiben, oder von einem Werk, das nicht den Literaturnobelpreis erhalten hat?«

Sie können sich denken, verehrte Lesende, dass Frau Nietzsche diese Frage nicht umgehend beantwortete. Sie schaute sich erst mal wieder im Raum um, betrachtete auch ein weiteres Mal ihre Fingernägel und griff dann auf einmal sehr abrupt nach den Schnäuztüchern. »Ich werde natürlich enttäuscht sein von meiner Mutlosigkeit. Davon bin ich ja schon mein Leben lang enttäuscht. Als ich jung war, habe ich getanzt. Und ich muss sagen, ich war richtig gut. Aber meinen Sie, ich hätte mich getraut, mich an einer Tanzakademie zu bewerben?« Frau Nietzsche schnäuzte sich die Nase.

»Vermutlich nicht. Aber das heißt ja nicht, dass es mit dem Schreiben genauso endet. Fangen Sie doch einfach mal an!«

»Das sagt sich so leicht!«

»Gewiss, Frau Nietzsche. Ich weiß, wovon ich spreche. Ich schreibe ja auch ein Buch. Und Sie glauben gar nicht, wie schwer mir das fällt.«

»Aber Sie schreiben trotzdem?«

»Natürlich! Erstens sitzt mir der Verlag im Nacken und zweitens gibt es doch nichts Schöneres, als sich selbst zu lesen.«

»Wie meinen Sie das?«

»Nun, wenn ich es geschafft habe, ein Kapitelchen zu schreiben, bin ich danach immer sehr zufrieden, wenn ich mir das Geschriebene durchlese. Ja, ich darf sagen: Ich empfinde dann einen gewissen Stolz!«

»Ach ja? Dann liegt das vermutlich daran, dass Sie gut schreiben können!«

»Aber das können Sie ja auch!«

»Woher wissen Sie das denn, Frau Gilhu?«

»Ich spüre das! Und außerdem ist es ja so, Frau Nietzsche: Sie *wollen* schreiben! Und das heißt: Sie *können* auch schreiben!«

»Aber wenn es dann niemand lesen will?«

»Das ist doch jetzt vollkommen egal, Frau Nietzsche! Schreiben Sie und wenn am Ende nur Sie selbst es lesen wollen, dann haben Sie eben sich selbst eine Freude gemacht!«

»Würden *Sie* es denn auch lesen wollen?«

»Aber selbstverständlich, Frau Nietzsche! Mit dem größten Vergnügen. Am besten bringen Sie mir gleich zur nächsten Sitzung etwas mit.«

Und so geschah es dann auch. Frau Nietzsche überreichte mir in der Woche darauf einen Stoß beschriebener Blätter.

»Aber nicht sofort lesen, bitte. Das wäre mir peinlich!«

»Wissen Sie was, Frau Nietzsche? Ich werde es überhaupt nicht lesen! Aber Sie bringen mir jetzt jede Woche etwas Geschriebenes. Ich bewahre es für Sie auf. Und wenn Sie sagen: Jetzt ist es so weit, dann lese ich es! Einverstanden?«

Tatsächlich hielten wir es so. Frau Nietzsche geriet in einen wahren Schreibrausch und überreichte mir fortan wöchentlich ein neues Konvolut.

Und als sie mir die Erlaubnis gab, es zu lesen, war ich tatsächlich sehr beeindruckt. Frau Nietzsche beschrieb darin ihr gesamtes Leben – von der Geburt auf einem Bauernhof in Norddeutschland bis zu ihrem Dasein als verhinderte Autorin in einem Vorort von München.

»Das ist ja fantastisch!«, teilte ich Frau Nietzsche mit. »Zu Herzen gehend, lustig und obendrein auch noch klug!«

»Tatsächlich? Es hat Ihnen also gefallen?«

»Aber wie! Wenn Sie möchten, übergebe ich es meinen Damen vom Verlag!«

»Das würden Sie tun?«

»Warum denn nicht? Wir Autorinnen müssen doch zusammenhalten!«

Was meinen Sie, verehrte Lesende: Hat es geklappt?

Ich darf Ihnen sagen: Ich weiß es noch nicht. Die netten Damen vom Verlag haben die Texte der Frau Nietzsche dankend angenommen und werden sie nun, wie sie mir versichert haben, sorgfältig prüfen.

Aber schon jetzt steht fest: Der Mut, den Frau Nietzsche aufbrachte, hat sich gelohnt. Und ihre Schlafstörungen hat sie auf diese Weise auch in den Griff bekommen. Denn Frau Nietzsche hat sich an meinen Vorschlag gehalten: Erwachte sie in der Nacht, lag sie nicht stundenlang wach, sondern stand einfach auf. Schnappte sich ihr Notebook und fing an zu tippen.

Verstehen Sie mich nicht falsch, verehrte Lesende! Wer unter schwerwiegenden Schlafstörungen leidet, sollte sich nicht scheuen, Hilfe in Anspruch zu nehmen, die ihm oder ihr wieder zu einem besseren Schlaf verhilft. Aber gerade in dieser Zeit des Umbruchs, den wir Frauen in den mittleren Jahren erleben, empfiehlt es sich, zunächst mal diesen Teufelskreis zu durchbrechen, in dem wir krampfhaft den Schlaf herbeiführen wollen und darüber dann noch weniger in der Lage sind, zurückzufinden ins Land der Träume. Stehen also auch Sie auf, wenn Sie erwachen in der Nacht! Trinken Sie vielleicht ein Schlückchen Wasser, betrachten Sie den Mond, genießen Sie die Stille in der Wohnung. Und wenn es Sie dazu drängt, denken Sie an Frau Nietzsche und schreiben auch Sie etwas auf. Wer schreibt, ordnet sein Leben. Wer schreibt, drückt sich aus. Kurzum – und damit beschließe ich dieses Kapitel: *Wer schreibt, der bleibt!*

Buch weggelegt,
losgelegt –
die Glücksaktion

Das Atmen

Verehrte Lesende, kommen wir nun zum Schluss. Und tun wir nun noch einmal etwas, was wir immer tun.

Lassen Sie uns atmen! Fühlen Sie sich ganz frei, wo Sie es tun wollen. Sitzen Sie gerade auf einer Parkbank, dann tun Sie es da, liegen Sie im Bett, machen Sie es dort. Ich selbst befinde mich im Moment an meinem Schreibtisch und werde es im Sitzen tun.

Schließen wir nun also für einen kurzen Moment die Augen. Horchen wir in uns hinein. Vielleicht hören wir den Magen knurren oder ein kleines Sirren im Ohr? Womöglich zwitschert da draußen auch ein Vögelein. Oder es fährt ein Fahrzeug der Feuerwehr vorbei. Das alles mag so sein, ist uns aber herzlich egal. Denn wir besinnen uns jetzt nur auf das eine – den Luftstrom, der durch unseren Körper bläst. Spüren Sie ihn? Seine Kraft, aber auch seine Zartheit? Packen wir ihn nun an! Ziehen wir bewusst so viel Luft in die Nase, wie wir können – halten wir die Luft nun kurz an –, und dann, raus mit ihr, und zwar mit Karacho!

Lassen Sie sämtliche Luft entweichen – bis nichts mehr geht! – und dann, bevor Sie nach neuer Luft schnappen, machen Sie eine sogenannte Atempause. Erst jetzt lassen Sie los und schwups, strömt er auch schon wieder ein, ein ganzer Schwall frischster Atemluft! Ist das nicht herrlich? Ich schlage Ihnen vor, zehnmal so zu verfahren, wie ich es skizziert habe. Womöglich wird Ihnen währenddessen ein wenig schwindelig? Das macht überhaupt nichts, im Gegenteil: Es ist sogar erwünscht! Genießen Sie den kleinen Schwindel, als wäre es ein kleiner Schwips! Legen Sie sich vielleicht einfach dorthin, wo sie gerade stehen, und schauen Sie in den Himmel. Während sich nun alles ein wenig dreht, wissen Sie etwas mit großer Gewissheit: Sie sind am Leben. Mehr noch: Sie sind ein lebendiger Mensch und alle Kräfte, die Sie brauchen, um ein glückliches Leben zu führen, sind bereits in Ihnen angelegt. Sie warten nur darauf, von Ihnen angepackt zu werden.

In diesem Sinne: Atmen Sie, essen Sie Kuchen, verteilen Sie Komplimente und drehen Sie somit stets an Ihren Schräubchen!

Ich tue es auch und freue mich, Sie bald einmal wiederzusehen, verehrte Lesende!

Und herzlichen Dank, dass Sie es so lange mit mir ausgehalten haben. Es gab schon Menschen in meinem Leben, denen gelang das nicht so gut … Aber davon berichte ich Ihnen in meinem nächsten Buch!

In diesem Sinne – machen Sie es gut,
machen Sie es wirklich gut!

Von Herzen,
Ihre Anele Gilhu

ANELE DANKT

Ach, nun wird mir zum Schluss noch einmal ganz blümerant zumute. Mit wem fange ich an, mit wem höre ich auf?

Beginnen wir doch am besten mit Ihnen, liebe Lesende! Sie haben sich auf das Wagnis eingelassen, mit mir gemeinsam am Schräubchen zu drehen – und dafür gebührt Ihnen nicht nur mein allerhöchster Respekt, sondern auch mein allerherzlichster Dank!

Ja, und dann sind da natürlich meine Klientinnen und Klienten. Diese lieben Menschen mit ihren lockeren Schräubchen, deren Geschichten ich natürlich verfremdet habe. Sie wissen schon – die Schweigepflicht! Die gilt selbstverständlich auch für meine Praxis und so habe ich mich in diesem Büchlein quasi literarisch den Beschwernissen meiner Leutchen genähert. Nach dem Motto: Frei erfunden und dennoch wahr!

Weiterhin danke ich den Herrschaften vom Verlag! Besonders hervorheben möchte ich die Damen Hess und Ketterle. Was habe ich mich immer wieder gefreut, wenn deren fröhliche Gesichter auf meinem heimischen Bildschirm auftauchten! Aber natürlich danke ich auch den vielen anderen Damen und Herren, die Kommas nachgetragen, Fotos geschossen, Papier zur Verfügung gestellt und Druckmaschinen angeworfen haben. Beeindruckend, was sich in einem Verlag so alles abspielt. Da kann ich nur sagen: Chapeau et Merci!

Ebenfalls zu Dank verpflichtet bin ich Gisela. Meine liebe Schwester ist nicht nur Dermatologin und Umweltaktivistin, sondern auch ein beständiger Quell neuer Erkenntnisse. Viele davon vermittelt sie mir, ohne dass ich darum gebeten habe, aber sind sie deshalb weniger wertvoll? Mitnichten! Vielen Dank also, liebe Gisela! Ohne Dich gäbe es so manche Geschichte in diesem Büchlein gar nicht und Dein phänomenales Gedächtnis hat so manche Erinnerungslücke geschlossen (wie zum Beispiel die Tatsache, dass Lutz nicht Lutz hieß, sondern Wulf).

Danken möchte ich selbstverständlich auch meinen Eltern. Ohne sie gäbe es mich nicht, so viel steht fest, und dass sie sich wegen meiner Tätigkeiten im Internet im hohen Alter noch einen Computer zugelegt haben, dafür gebührt ihnen Anerkennung und Respekt! Und dass Gisela immer wieder die Geduld aufbringt, unseren Eltern die Handhabung dieses Geräts zu erklären, auch dafür danke ich Dir von Herzen, geliebte Schwester!

Ja, und nun zu Dir, meine liebe Barbara! Du warst es, die schon vor mir wusste, wer die Frau Uhlig ist und warum ich mich einlassen sollte auf dieses Wagnis, zunächst mit dem Internet und schließlich auch mit diesem Buch. Ach, Barbara, was wäre ich nur ohne Dich? Ich wünsche uns noch viele Jahre der gemeinsamen Wegbegleitung – denn: Mit niemandem gehe ich so gern durch dick und dünn wie mit Dir!

Damit wären wir bei Ihnen, verehrte Frau Uhlig! Ohne Sie wüsste die Welt ja gar nicht, dass es mich gibt. Sie erst haben mich zu der gemacht, die ich heute bin. Und dabei hätten Sie es sich doch auch ganz leicht machen können – und den Leuten einfach selbst etwas vom Glück erzählt. Aber nein, Sie wussten, wo ihre Grenzen sind und haben sich eine Fachfrau gesucht. Dass Sie dabei auf mich gestoßen sind, war wiederum mein großes Glück. Und dass Sie es gewagt haben, eine Frau meines Formats vor die Kamera zu holen, dafür gebührt Ihnen mein allerherzlichster Dank, aber sicher auch der Dank vieler anderer Frauen (die ebenfalls nicht mehr ganz jung sind, keine Kleidergrößen unter 40 tragen und auch nicht über ein perfektes Gebiss verfügen).

Ja, und dass Sie dann auch noch die Frau Hofmann aufgetan haben, die mir mit ihrer flotten Feder so überaus hilfreich zur Seite gestanden hat – also da kann ich nur sagen (und damit meine ich auch Sie, liebe Frau Hofmann):

VIELEN LIEBEN DANK!

Last but not least: Sie wissen, wem ich dieses Buch gewidmet habe. Mit ihm möchte ich nun auch enden. Walther! Du allein weißt, wo Du nun bist und ob Du mich auch nur einen Bruchteil so sehr vermisst wie ich Dich. Aber Du weißt sicher auch, dass ich ohne Dich niemals zu einem solch glücklichen Menschen geworden wäre als den ich mich heute bezeichnen darf. Dafür, lieber Walther, danke ich Dir aus tiefstem Herzen und mit allen Fasern meines Seins. Danke, lieber Walther, vielen Dank!

ELENA UHLIG

QUALLE VOR MALLE

Urlaub mit Familie, Chaos inklusive

Frau Uhlig packt die Koffer, und alle müssen mit

Wer denkt, ein paar Tage an den Stränden Mallorcas seien erholsam, hat noch nie mit Frau Uhlig Urlaub gemacht: Wo die liebenswerte Schauspielerin auftaucht, herrscht Chaos. Elena Uhlig landet mit ihrem Mann Fritz Karl und den zwei Kindern in einer Bettenburg und kann sich für keines der Hotelzimmer entscheiden. Da kann der VIP-Beauftragte auch nicht viel ausrichten.

Mit viel Charme und Humor nimmt uns Frau Uhlig in Qualle vor Malle mit auf eine turbulente und unterhaltsame Urlaubsreise – mit temporeichen Dialogen und jeder Menge Selbstironie. Sie weiß, dass es mit ihr nicht leicht ist, alles andere wäre aber auch langweilig.

»Elena Uhlig, wie sie leibt und lebt:
lustig, schlagfertig und originell.«
Bunte

»Urlaub mit Kleinfamilie – eine traumhafte Quelle
für Dauerstress. Elena Uhlig hat ein wunderbares Mittel,
Stress in heitere Gelassenheit zu wandeln!«
Nina Ruge

KNAUR

ELENA UHLIG

DOCH, DAS PASST, ICH HAB'S AUSGEMESSEN!

Eine Frau weiß, wenn sie recht hat

»… wenn Sie hier noch mal probe liegen wollen …«

Frau Uhlig setzt auf regelmäßige Erneuerungen in den heimischen vier Wänden. Ob überdimensionales Familienmatratzenparadies oder ein antiker Allrounder-Schrank im Flur – eine Frau weiß, was passt und gut aussieht.

So ist jede Menge weibliche Raffinesse gefragt, um ihre Pläne in die Tat umzusetzen. Denn da gibt es ja auch noch den Fachverkäufer, die Möbelpacker, die Telekom und … ihren Mann.

Mit viel Witz und Selbstironie erzählt Elena Uhlig ihre skurrilsten Alltagserlebnisse, in denen sich jede Frau wiederfindet. Und rät allen, die sich neu einrichten wollen: Behalten Sie die Nerven! Frau Uhlig tut's auch.

»Elena Uhlig schreibt schnörkellos
echt und witzig.«
Für Sie

KNAUR